David Feuchtwang

Kanzelreden

David Feuchtwang

Kanzelreden

ISBN/EAN: 9783743327290

Hergestellt in Europa, USA, Kanada, Australien, Japan

Cover: Foto ©ninafisch / pixelio.de

Manufactured and distributed by brebook publishing software (www.brebook.com)

David Feuchtwang

Kanzelreden

Kanzelreden

von

Dr. David Feuchtwang
Rabbiner zu Nikolsburg.

I. Teil.

Frankfurt a. M.
Verlag von J. Kauffmann.
1899.

Dem Andenken

meines unvergeßlichen Vaters

Rabbi Meïr Dr. Feuchtwang ז״ל

in kindlicher Liebe

gewidmet.

Inhalt.

		Seite
I.	Die feindlichen Brüder. (תולדות)	1
II.	Der Weinberg und die Trauben. (שלח)	10
III.	Berg und Thal. (זבור)	17
IV.	Richtige und falsche Wage. (זבור)	26
V.	„Wenn der Morgen naht". (קרח)	32
VI.	„Fürchte Gott und den König". (שופטים, Kaisers Geburtstag.)	39
VII.	Israels Wanderung und Ruhe. (מסעי-מטות)	43
VIII.	Das Ziel (ein Cyklus.) 1. (פסח של א')	51
IX.	Das Ziel, 2. (פסח ש' אחרון)	58
X.	Das Ziel, 3. (שבועית)	65
XI.	Das Ziel, 4. (ר"ה)	74
XII.	Das Ziel, 5. (א'סכות)	80
XIII.	Das Ziel, 6. (שמ"ע)	89
XIV.	Gott, unser Freund. (אחרון של פסח)	98
XV.	Auf der Höhe. (שבועות)	106
XVI.	Der Geburtstag Israels. (שבועות)	114
XVII.	Väter und Söhne. (א' של סוכות)	121
XVIII.	Das jetzige und ehemalige Geschlecht. (שמ"ע)	130
XIX.	Unser Beitrag zum Bau; Fortsetzung und Schluß von XVIII. (א' סוכות)	139
XX.	Ein Lebensbild. (שמ"ע)	149
XXI.	Das unverbrüchliche Gesetz. (א' סוכות)	159
XXII.	Das Vater- und Mutter-Auge. (ר"ה)	168
XXIII.	„Die Tochter Ihres Volkes". (Auf den Tod der Kaiserin Elisabeth)	176
XXIV.	Recht und Gerechtigkeit.(Zum fünfzigjährigen Regierungsjubiläum des Kaisers Franz Josef I.)	181
XXV.	Festrede bei Einweihung eines Gotteshauses	190
XXVI.	Zur Einweihung eines anderen Gotteshauses	196
XXVII.	Die aufrechte Garbe. (חנובה)	200
XXVIII.	Leben und Tod. (Auf den Gräbern der Rabbinen am Chewratage)	205
XXIX.	Auf den Tod eines Menschenfreundes	212
XXX.	Zur Erinnerung an diesen Menschenfreund	217

I.

תּוֹלְדוֹת

Die feindlichen Brüder.

אָהַבְתִּי אֶתְכֶם אָמַר ה׳ וַאֲמַרְתֶּם בַּמָּה אֲהַבְתָּנוּ הֲלוֹא אָח עֵשָׂו לְיַעֲקֹב
נְאֻם ה׳ וָאֹהַב אֶת יַעֲקֹב. (Mal. 1, 2.)

„Ich habe Euch geliebt, spricht der Ewige; und Ihr fraget: Womit hast Du Deine Liebe bewiesen? Ist nicht, antwortet Gott, Esau Jakobs Bruder? und Ich liebte den Jakob".

Der Prophet Maleachi hat dieses merkwürdige Zwiegespräch an die Spitze seiner Weissagungen gestellt. Die Zeit, aus der es stammt, war schwach und krank. Zu trostreichen Gedanken gaben die Umstände und Verhältnisse wenig Anlaß. Wir befinden uns nämlich in der geschichtlichen Epoche bald nach der Rückkehr aus der Babylonischen Gefangenschaft. Esra und Nehemia waren gleichstrebende Zeitgenossen unseres Propheten. Der einzige Glanzpunkt dieser Zeit ist der wiedererbaute zweite Tempel in Jerusalem. Das Beispiel Babels war für Israel keineswegs segensreich gewesen. Dort war nichts Heiliges zu lernen. Und wirklich: kaum war unter schweren Mühen und großen Gefahren das neue Heiligtum errichtet, war schon das Volk des Gottesdienstes müde und der Ausübung heiliger Gebote überdrüssig; das fast abgeschüttelte Joch des Gehorsams gegen die Vorschrift der Thora behagte dem nun an Freiheit von Gottespflicht gewohnten Pöbel nicht. Mit traurigem Beispiele gingen die Priester voran. Das von vielen heißersehnte Ziel der Rückkehr aus dem Exil war nun erreicht; jetzt erschien dem undankbaren Israel der Mühe Lohn nicht groß genug; mürrisch wendet sich die unzufriedene Menge gegen seine geistigen Führer und zuletzt gegen Gott selbst.

„Ich habe Euch geliebt" spricht der Ewige; sie aber entgegnen: „Wodurch hast Du Deine Liebe bewiesen: etwa durch die rauchenden Trümmer des ersten Heiligtums, durch das Blut der Väter, Mütter und Kinder, die durch Feindeshand gefallen sind, durch Verlust der Herrlichkeit, der Schätze und der Güter, die wir einst besaßen; etwa dadurch, daß wir einst frisch und blühend waren und jetzt siech und kränklich sind? Doch majestätisch, ehrfurchtgebietend läßt Maleachi dem murrenden Volke die Antwort zuteil werden: „Ist nicht Esau Jakobs Bruder, und ich liebte Jakob?!"

Diese Antwort des allgütigen Gottes greift tief in Herzen und Gemüter; sie ruft in das geschwächte Gedächtnis die ganze Geschichte Israels zurück, in deren Verlaufe sich diese Liebe zu Jakob so wundersam bewährte. Dieser Hinweis auf Gottes Liebe zu Israel genügt, alle Zweifel zum Schweigen zu bringen. Und so, wie damals die Antwort Gottes wirkte, wirkt sie heute noch, wohlthuend und lindernd wie Balsam auf die brennende Wunde.

„Ich liebte Jakob." Jakob also ist der ausgesprochene Liebling Gottes; — bange schwebt die Frage auf der Lippe jedermanns: ist Jakob auch heute noch der Liebling Gottes? Mit gelassenem Stolze und begründetem Selbstbewußtsein geben wir die Antwort: ja er ist es. Denn in uralten Tagen ward es ihm für alle Zukunft verheißen, daß er gesegnet sein und bleiben werde in allen Zeiten. Diese vorzügliche Liebe und diese sichere Zuversicht auf ewigen Segen wollen wir besprechen und erläutern an der Hand weniger Worte der heiligen Schrift, die wir heute verlasen und die da lauten: גַם בָּרוּךְ יִהְיֶה „Und er wird gesegnet bleiben"! (Genes. 27, 33.)

I.

גַּם בָּרוּךְ יִהְיֶה׃

Und er wird gesegnet bleiben.

Diese Worte entstammen bekanntlich der merkwürdigen Erzählung einer Familientragödie, die sich in dem Patriarchenhause des greisen Isak abspielt. Alle kennen diese Geschichte, und doch wollen wir uns einzelne Momente der ergreifenden Vorgänge vor Augen führen.
Ein Bruderpaar erblickt das Licht der Welt. Schon die zarten Kindlein sind wesentlich verschieden; ihr Eintritt in die Welt ist eigentümlich genug; der eine hält die Ferse des anderen. Grundverschieden sind die Naturanlagen der Knaben. Der eine neigt zu markiger Kraftentfaltung, er liebt die harte Freiheit der Natur, sucht und besteht Abenteuer und Gefahren, rauh, wie sein Äußeres ist sein Sinn. Die Natur mit ihren Schönheiten und Schrecken ist sein Gott. Der andere ist mild und fromm und gut, ja weich sogar; er flieht den Kreis übermütiger Knaben und schmiegt sich an die Mutter. Der Geist in ihm überwiegt den Körper. Gottesdienst ist seine Lieblingsarbeit, nicht die Erde, der Himmel ist sein Gebiet. So wachsen die beiden auf. Sicherlich beide innig geliebt von ihren Eltern, die sorgsam jeden Zug an ihren Söhnen beobachten und aus den Gewohnheiten der Jünglinge Schlüsse ziehen auf künftige Eigenschaften der Männer, wie alle Eltern. Nun naht die Zeit der Mannesreife; und, ach, wie so oft im Leben, die bange Stunde, da der Vater von den erwachsenen Söhnen nach Gottes Ratschluß auf ewig scheiden soll. Isak will seine Söhne — beide — segnen vor seinem Ende. Und nun geschieht, was uns die heilige Schrift so ausführlich schildert. Die Täuschung Isaks. Schon vorher hat Jakob seinem rauhen Bruder das Recht der Erstgeburt abgekauft; freiwillig tritt Esau es ab; nun ist es nicht anders denkbar, als daß der Segen des Erstgeborenen

Jakob zuteil wird. Das fromme Elternpaar hat die Verschiedenheit der Söhne früh erkannt. Der eine ist nur Geist, der zweite Kraft; vereint, so meinen sie, sollen sie durch's Leben gehen; einander ergänzend und stützend. Dem frommen Gottesmann soll Esau Schutz und Schirm sein, den Idealen Jakobs soll Esaus Kraft Wehr und Waffe sein im heißen Kampfe des Lebens. Esau sollte mit Glücksgütern gesegnet werden. Jakob bedarf ihrer nicht; er kann entbehren; sein Besitz sind Geist, Gottesliebe, Gottesfurcht. Es naht die Stunde des Segens. Das Mutterherz und Mutterauge erkennt den Willen Gottes; sie ist Gottes Werkzeug, sie ahnt das Kommende. Esau wird nicht vereint mit Jakob durch's Leben gehen, bald trennen sich die Wege; zu verschieden sind ihre Ziele; so bekleidet sich Jakob wenigstens äußerlich mit Esau's rauhem Wesen; die Stimme bleibt Jakobs Stimme, mild, lieblich, sanft. Der Geist der Mutter sieht: Jakobs sanfte Natur muß mit irdischen Gütern ausgestattet werden, die ihm der Himmel, nicht eigene Kraft allein, verleiht. Esau, stark und knorrig, wird mit sehnigem Arme sich selbst die Welt erobern. Und so geschah's. Die Stunde des Segens naht. Isak segnet Jakob: „Es gebe dir Gott vom Himmelstau und von der Erde Fett; Reichtum im Ertrag des Bodens; Völker werden dir dienen, Nationen sich vor dir beugen; gebieten wirst du deinen Brüdern; wer dich segnet, wird gesegnet sein, wer dir flucht, verflucht!" — Nun ist das Unabwendbare geschehen; Gott hat es so gewollt.

Esau tritt hin vor seinen Vater, „gieb mir meinen Segen". Er will nichts gemeinsam mit Jakob; er wandelt seine Bahn allein, hat seine Zwecke, seine Ziele. Ich leiste Verzicht auf Gottesdienst; und demgemäß segnet Isak, nicht wie bei Jakob: „Es gebe dir Gott", nein: „Fetter Boden ist dein Wohnsitz, von deinem Schwerte lebst du; deinem Bruder bist du dienstbar, du schüttelst sein Joch von deinem Halse".

So sind die Brüder für ewig denn entzweit. Der Haß bricht aus. Hier ist keine friedliche Vereinigung mehr möglich; hier drohen Kampf und Krieg.

Und Jakob muß das Heimatland verlassen; nach Isaks Tod ist hier keine Hoffnung auf Verwirklichung der Ideale. Er muß zu stammverwandten Familien gehen, bei seinen Blutsverwandten Schutz und Gastfreundschaft, eine Lebensgefährtin suchen, bis des Bruders Zorn sich legt. So ist Jakob fern vom Heimatlande. Doch auch dort erfüllt sich der Segen: גם ברוך יהיה, und er bleibt gesegnet.

II.

Hier habet Ihr ein Bild vor Augen, das Israels Schicksal deutlich malt und schildert.

Der erstgeborene Sohn des Vaters im Himmel ist Israel, ist das zum Glauben an den einzigen Gott vor allen Völkern auserwählte Volk. Wohl ist es wahr; vor Israel hatten mächtige Heidenvölker, sie also erstgeboren, die Welt regiert; Aegyptens und Babels Weltherrschertum gehen zeitlich weitaus voraus der Geistesherrschaft unseres Volkes; und trotzdem ist Israel der erstgeborene Sohn genannt. Denn Israel ist erstgeboren inbezug auf Anbetung des einzigen Gottes, es hat zuerst vor allen Völkern den Glauben an einen Gott begriffen und erkannt; es ist erstgeboren in Menschenliebe und Menschlichkeit, Sittlichkeit und Edelmut; in seine Wiege ward die Pflicht gelegt der Elternliebe, der Schen vor Sünde, des Gehorsams vor Gottes heiligem Gebot. Das Recht der Erstgeburt jedoch wird ihm nur geistig zuteil. Die Wege der Menschenbrüder sollten von Anfang an gleichgerichtet sein. Doch in den Keimen der Entwicklungsreihe lag die Grundverschiedenheit. Hier: Herz, Gefühl, Geist, Weichheit, Milde, Güte, Großmut, Hoheit, Begeisterung für Kenntnis, Wissen, Religion und Glaube. Dort: Kraft, Lust am Erobern, Reichtum, Fülle und Macht. Doch Jakob=Israel bewahrt im Lauf der Jahrtausende den ihm vom Ewigen angewiesenen Standpunkt geistiger Macht; es bleibt gesegnet mit Gottesfurcht und Glauben. Noch immer ist es das einzige Volk, das einen Gott erkennt, anbetet und verehrt. Da entsteht ein neuer Glaube, ein neues Glaubensvolk, glaubend an einen Gott; es entwickelt sich ein gewaltiges Ringen um das Recht der Erstgeburt. Welcher Glaube hat zuerst den Einzigen verkündet, welcher zuerst Menschenliebe gepredigt, zuerst die Herrschaft des Geistes vor der des Leibes erstrebt?

Der himmlische Vater will seine Kinder alle segnen, und in dem Segen drückt sich die künftige Rolle aus, die sie in der Weltgeschichte spielen sollen.

In dem gewaltigen Kampfe vermag Jakob einzig und allein durch Geist zu siegen, Israel verfügt nicht über stählerne Körperkraft und reichen, irdischen Besitz. Doch der Allgütige verleiht ihm wenigstens äußerlich Rauheit und Kraft genug, um das nackte Leben aus dem ungleichen Kampfe zu retten; in furchtbarer Feindschaft stehen die Brüder einander gegenüber. Und nun erfüllt sich der Segen; es wächst und wächst die Zahl der Gegner; es mehrt und mehrt sich die Macht der neuen Glaubensvereinigung; doch stets: רב יעבד צעיר. Die weitaus größere Überzahl entlehnt den Geist dem kleinen Geistesvolke. Welterobernd durchstürmt der Mächtigere die Erde und siegreich, bewundert, triumphierend steht er da; nun sind die Wege der Brüder für ewig geschieden. Esau will seinen eigenen, getrennten Segen; es begiebt sich das Wunderbare. Der Vater segnet beide feindlichen Brüder; den einen mit Geist, Gemüt, dem andern verleiht er die Kraft und die Fülle. Hier ist Entbehren, dort Genießen. Immer ist Jakob an der Ferse, rückwärts an Kraft, voran an Geist, und im Stürmen der Schlacht bewahrt Jakob seinen Mut. Der Segen des Himmels ist ihm zuteil geworden םכ ברכ היה.

Die Flammen des Hasses schlagen lichterloh empor; der kleinen, schwachen Schar drohen Tod und Verderben. Da erteilt die Vorsehung den mütterlichen Rat: entfliehe dem Heimatlande. Und Israel=Jakob entflieht, er unternimmt den Leidensweg und rettet sich zu seiner Familie und seinen Blutsverwandten.

So ist Jakob gesegnet geblieben; verlassen hat er seine Heimat; er sucht und findet keine Liebe bei dem, der sein Bruder war; für Jakob ist nur Hoffnung allein in Jakobs Zelten und Wohnungen; er flieht und wohnt in fernen Landen, vereinsamt, allein — und doch gesegnet, und wird auch gesegnet bleiben.

III.

גם ברך יהיה

Der Segen besteht einzig und allein in geistigen Gütern; denn der lächerliche Vorwurf, Israel besitze alle irdischen Schätze, beherrsche mit seinen reichen Mitteln Welt und Markt, war damals in Esaus Tagen ebenso Lüge, wie heute. Auch Esau warf Jakob vor, er habe alles von Isak erhalten, und heute hören wir dieselben häßlichen Worte. Der Segen bestand damals wie heute zunächst in geistigem Besitztum. Die Erfüllung des Segensinhaltes hängt und hing aber thatsächlich inniglich mit der richtigen Nutzung dieser Güter zusammen, sonst wird er zum Fluch. Tiefsinnig erblicken die Weisen in jedem Worte des Isak=Segens einen Hinweis auf diejenigen Bedingungen, welche Israels Macht und Einfluß allzeit ausmachten und sein Bestehen bis zum heutigen Tage möglich machten. „Es gebe Dir der Gott" — der Gott Abrahams, derselbe unveränderte Gott, nicht der Gott der wandelbaren Zeiten, der Gott, den wir aus der Geschichte kennen, der Gott der Schöpfung und des Sinai, der Gott der Väter und des Moses, der Gott der Propheten, der Gott der Wahrheit und des Rechtes und der Liebe, dieser ewig gleiche Gott gebe Dir „vom Himmelstau"; das ist die herrliche Thorah, deren Wort erquickend niederträufelt, deren Stimme lieblich zu uns spricht, zürnend mahnt, strafend predigt, strenge geißelt, milde urteilt, weise rät, die in allen Lagen des Lebens lenkt und leitet; — „vom Himmelstau" das ist Zion, von dem die Lehre ausgeht, dessen Gedanken die Erinnerung an den Sieg des Geistes über Rohheit wach und lebendig erhält; Jerusalem, wo eine Fülle von Wissen aufgespeichert war durch fromme, rastlose Pflege des Gesetzes und der Lehre; „vom Fett der Erde" das sind die Propheten, das sind Talmud und Midrasch, sind die Priester und Gelehrten; das ist die heilige, prophetische Begeisterung für alles Erhabene und Große; das ist der unverwüstliche Feuereifer der wackeren Glaubensrecken, die tiefwurzelnde Gründlichkeit der Weisen und Forscher, die urwüchsige Kraft der alten Lehrer und Schüler, die kindliche Reinheit und Herzenseinfalt der wonnesamen Midrascherzähler und Haggadahdichter, die reizvolle Phantasie, die goldene Fäden um den gesunden Kern der Thorah webt, goldene Früchte legt in den silbernen Korb des Gesetzes; das ist die Durchdringung, Durchgeistigung des ganzen Lebens mit heiliger Pflicht, Andacht, Seele; das ist die reiche Fülle des nährenden Getreides, aus dem tägliches Brod des Gotteswortes und der Lebensweisheit bereitet wird, der gährende Most, aus dem die erwärmende Glut der Begeisterung steigt. Das ist der Segen, der Jakob zuteil geworden ist und der sich an ihm in allen Zeiten erfüllt hat. Darum beugen sich vor ihm nicht nur die Glaubensgenossen „es dienen die Völker", sondern auch Heidennationen müssen Ehrfurcht empfinden „es beugen sich die Nationen"; und vor denjenigen, welche mit ihm den einzigen Gott verehren, hat Jakob das Recht der Erstgeburt und ist „Gebieter seiner Brüder". Darum wird gesegnet, wer uns segnet, darum kann es unseren Feinden nimmer glücken. So ist der Segen des Herrn bis zum heutigen Tage in Erfüllung gegangen עד היום הזה. Und wenn in unserer, wie in

Maleachi's Zeit murrende Stimmen laut werden: „Gott, du hast uns geliebt, wo ist die Liebe? Du hast uns gesegnet, wo ist der Segen? Du bist unser Vater, wir deine Kinder, wo ist der väterliche Schutz und Schirm?" Wenn Ihr auf Gottes und der Propheten Wort: „Ich habe Euch geliebt" die aufrührerische Frage stellt: „Wodurch beweisest Du Deine Liebe", dann erinnert Euch an Jakobs Kampf und Sieg, an den unwandelbaren Wahrspruch: כה ברוך יהיה „Ihr werdet gesegnet sein". Und die Stimme Gottes erwidert Euch auf Eure zweifelnde Frage: הלא אח עשו ליעקב ואהב את יעקב „Ist nicht Esau Jakobs Bruder, und ich liebe Jakob; liebe ihn heute wie ehedem, schütze ihn heute wie einstmals, bin sein Vater und er mein erstgeborener Sohn, wie in alten Tagen, bin und bleibe ewig sein Gott und ewig wird Jakob gesegnet sein und bleiben כה ברוך יהיה.

II.

שלח

Der Weinberg und die Trauben.

(Jes. V. 1, 3, 4, 7, 8.) כרם היה לידידי בקרן בן שמן וגו'

„Einen Weinberg hatte mein Freund auf fettem Bergeshange, er hoffte, daß er Trauben tragen werde, doch er brachte saure Früchte; — der Weinberg Gottes ist Israel, Judas Männer die Pflanzung seiner Freude; er hoffte auf Rechtsspruch und es war Rechtsbruch, auf Gerechtigkeit und es ward Schlechtigkeit".

Diese sinnreiche Parabel des Propheten Jesajah, welche das Verhältnis Israels zum Ewigen so trefflich zeichnet, beziehen unsere Weisen auf ein Ereignis, das uns im heutigen Wochenabschnitte geschildert wird. Der Prophet erblickt in Israel und Juda die Pflanzung Gottes. Und mit Recht. Wir sind sein Weinberg, Er unser Winzer. Wie dieser alle Kraft und allen Fleiß darauf verwendet, seinen Garten zu harken, zu jäten, zu entsteinen, zu bepflanzen und zu betreuen, wie er mit Angst und Sorge dessen Schicksal verfolgt, jedes welke Blatt, jeden Schädling liebevoll entfernt — so hat Gott Israel gepflanzt, gepflegt und betreut zu allen Zeiten. Habet Ihr schon einmal aufmerksam dem Landmanne zugesehen? Sorge und Mißmut malen sich in seinen Zügen, wenn schädlicher Tau auf seine Reben niederfällt, er ringt die Hände, wenn die schwere Arbeit vergeblich war, weil der nagende Wurm in der zarten Wurzelfaser nistet. So verstehen wir das Bild des Propheten. Gott, der Winzer seines Weinbergs Israel, ist trostlos über seines Volkes Verderbniß; soll aller Fleiß, alle Mühe umsonst sein? Die Traube, welche die Kundschafter aus dem Traubenthale brachten, entsprach — so sagen die Weisen — nicht den Hoffnungen, welche Gott an die Sendung knüpfte; hatte er doch Israel gefunden „wie Trauben in der Wüste"; nun aber wurde diese edle Frucht in den Händen der Kundschafter, als wäre sie gepflückt vom „Weinstock Sodoms, aus den Gefilden Amorahs, dessen Trauben bitter, dessen Beeren giftig sind". Die herbe Enttäuschung, die Jesojah beim Anblick des zerstörten Weingartens empfand, dessen Unterwühlung bereits zur Zeit Moses' begonnen hatte, der nicht minder enttäuscht war, giebt uns Anlaß darüber nachzudenken, wie denn die Männer Israels beschaffen sein müssen, die den Weinberg bestellen sollen, und wie die Frucht zu benützen sei, welche als Lohn der Arbeit heimgetragen wird nach des Lebens Mühen. Lasset uns dies erörtern an der Hand der Worte der Heiligen Schrift: יִתְחַזַּקְתֶּם וּלְקַחְתֶּם מִפְּרִי הָאָרֶץ „Seid mutig und nehmet von der Frucht des Landes". (Num. 13, 20.)

I.

וְהִתְחַזַּקְתֶּם

Seid mutig!

Dieses Wort spricht Moses mit bewegtem Herzen in dem Augenblick, da er sich von den Männern verabschiedet, welche er, nicht ganz nach seinem Sinne, in das Land der Verheißung sendet, es zu besichtigen. Was sind es für Männer? und warum schärft ihnen Moses ein: „seid mutig"? Die heilige Schrift, sonst so sparsam mit Worten, verschwendet auf genaue Schilderung dieser Abschiedsszene viele Sorgfalt, weit mehr, als auf die Beschreibung der Schicksale der Kundschafter auf ihrer vierzigtägigen Reise; diese werden nur gestreift und erst ihre Rückkehr wieder ausführlich besprochen. Zunächst wird betont, daß die Gesandten durchwegs Männer, Häupter Israels waren; das heißt doch wohl, sie waren als Männer bekannt und erprobt, als Leute, auf die ein Verlaß ist, wofern die Erwählung zu Häuptern und Führern nicht völlig unmaßgeblich sein sollte. Sie schienen wenigstens Männer zu sein. Wir hören ihre Namen und sind erstaunt, ein Verzeichnis fremder, unbekannter Leute zu vernehmen. Namen, deren Klang und Form unserem Ohre fremd ist; bis auf zwei: Kaleb und Josuah; sie sind uns vertraut. Das giebt auch den alten Weisen zu denken. Es giebt -- so sagen sie -- Menschen, deren Namen schön, deren Thaten häßlich sind, wie Ismael und Esow; Ismael ist der, den Gott erhört, Esow, der seinen Willen thut, und doch waren beide nicht Muster von Gehorsam gegen Gottes Willen; wiederum giebt es Menschen, deren Namen häßlich und deren Thaten ebenso sind, wie bei den Kundschaftern; endlich Menschen, deren Namen und Thaten gleich schön sind, wie Josuah, der Gotteshelfer und Gottbefohlene, Kaleb, der wie das Herz des Edlen ist.

Nicht allein auf den Namen also kommt es an, die That muß ihm entsprechen. Der Titel muß sich in Charakter und Persönlichkeit umsetzen und ausprägen. Stellt man demgemäß die beiden Figuren Kaleb und Josuah den Kundschaftern gegenüber, dann fällt der Vergleich weitaus zu Ungunsten der letzteren aus.

Von Josuah wissen wir, daß er als Jüngling den einem solchen geziemenden Heldenmut besessen und bewährt hat, daß das „seid mutig" ihm nicht erst ans Herz gelegt zu werden brauchte; kämpfte er doch mit bewundernswerter Ausdauer und siegreichem Erfolge gegen Amaleks wütende Scharen. Neben dem kräftig-schönen Mannesmute wohnt in ihm biedere, treue Frömmigkeit; „er wich nicht aus dem Zelte", blieb in der vom Gottesgesetz gezogenen Grenze, trotzdem er voll war von Weisheit und Erkenntnis, die von ihm gerühmt werden, daß er nämlich

„voll war vom Geist der Weisheit"; ohne Unbescheidenheit und Überhebung blieb er, was er „von Jugend an" war, „der Diener Moses". Und als Mann erwies er sich stets als wahrer Josuah, als „Gotteshülfe". Und diesem Charakter entspricht auch sein Gebahren im Kreise der Kundschafter; er versteht das Mahnwort des Meisters in dem Sinne: sei mutig, sei ein Mann, verzage nicht vor dem Feinde, bekenne was und wer du bist, sei, was du scheinst und lasse dich nicht bethören durch Angst vor den Heiden, erkenne den Vorzug des heiligen Landes dort, wo er wirklich liegt, in Chebron, in der heiligen Vätergruft. Und gleich ihm Kaleb; dessen sieghaft klingender Ausruf „wir werden hinaufsteigen, wir müssen es", unser Herz ergreift; die Schwungkraft dieses markigen Wortes beflügelt auch den Hörer. Wir bewundern diesen Mann, der aus der Mitte kleinmutiger, niedriger Genossen sich losreißt und auf den Gräbern der Ahnen stählerne Kraft holt und, aller Versuchung widerstehend, Amalek nicht sieht, nicht Chitti und nicht Emori, sondern nur das geliebte Land seines Gottes. „Fürchtet nicht das Volk des Landes, es ist unser Brod" ruft er; dieses Land ist uns mit seinem heiligen Odem nötig wie Brod; sie sind uns Leib die Völker des Landes — so denkt er mit den Weisen — sind uns Körper, wir müssen ihnen zum Geist, zur Seele werden. Und in der That. Nur Kaleb und Josuah bleiben am Leben von all' den Schwächlingen und Kleingeistern und feigen Gesellen, sie erhalten sich dem wahren Judentume rein und echt und gut und treu, sie erklimmen die Höhen der Berge und werden leuchtende Muster der Männlichkeit, erobern das herrliche Land. Wie niedrig erscheint das häßliche Treiben der Kundschafter dagegen! Wie erbärmlich klingt ihre Sprache; sie messen die Güte des Landes lediglich nach dem Vorteil, nach dem leiblichen Gewinn, den es zu bringen verspricht. „Dies ist seine Frucht", so und soviel trägt es, dies ist der Nutzgenuß des Kapitals im Lande der Religion und des Glaubens; sie

kennen nur ein ewiges אבן ein ewiges „aber" —; das Land
ist schön — aber; die Religion ist gut — aber; Frömmig=
keit ist edel — aber; Mut ist bewundernswert — aber;
so geht es fort mit aber; aber Amalek wohnt im Süden,
wir fürchten ihn; Emori wohnt auf dem Berge, wir
können ihn nicht besteigen. — Mit solchen Leuten macht
man keine Eroberungen, die gehen unter für alles Ideale
und Göttliche; es muß ein anderer Geist in Israels
Männern wachen und wirken, wenn es siegreich das ge=
lobte Land bezwingen will; der Geist Josuahs und Kalebs;
„Seid mutig" ruft Moses; „wir werden hinaufziehen"
Kaleb; aufwärts in die Höhen! wollet ihr folgen?

II.

ולקחתם מפרי הארץ׃

Und nehmet von der Frucht des Landes.

Es gehört kein besonderer Mut dazu, aus einem
gesegneten Lande Früchte heimzubringen; man braucht die
schwerbeladenen Bäume blos zu schütteln, und die reife
Frucht fällt in den Schoß; man braucht die Hand blos
auszustrecken nach Datteln und Trauben; in dem Land,
wo Milch und Honig fließt, kostet es wahrlich geringe Mühe,
diese köstlichen Gaben in Hülle und Fülle zu genießen.
Und doch: Mut! Ja es ist eben umgekehrt. Es gehört
Kraft, Selbstbeherrschung, Enthaltsamkeit dazu, von dem
Überfluß sich nicht erdrücken, berauschen zu lassen, im reichen
Genießen der Gottesgaben des Spenders nicht zu vergessen.
Das ist der geforderte Mut: Nehmet, so sagt Moses, von
der Frucht, nicht alles! Kaleb und Josuah hatten, nach
der Deutung der Weisen, ihre schwere Mühe mit den
lüsternen Genossen, sie von den fruchtreichen Weingärten,
den süßen Feigen und schmackhaften Granaten wegzuzwingen.
Mit dem Schwert in der Hand mußte sie Kaleb anhalten,
nur eine Traube und wenige andere Früchte mitzunehmen;
sie wollten sich der rohen Sinneslust hingeben und ver=

gaßen der Rückkehr faßt und des Zweckes ihrer Sendung. Allzusüß schmeckten die Früchte, die verbotenen zumal waren ihr heißes Begehren.

Wir haben ähnliche Scenen erlebt und erleben sie auch heute nicht allzuselten. Die Früchte, die auf dem Boden der Freiheit gedeihen, gereichen nur den Kalebs und Josuahs zum Segen; die thörichte Menge greift übermütig an den Baum der Erkenntnis. Man vergißt die alte Geschichte von der Vertreibung aus dem Paradiesesgarten; auch dort erging der deutliche Befehl „von allen Bäumen des Gartens darfst du genießen, doch vom Baum der Erkenntnis des Guten und Bösen darfst du nicht essen". Wie dieses Gebot befolgt wurde, ist bekannt. Ebenso bekannt aber ist es, wie Israel ehedem und jetzt seine Selbstbeherrschung gegenüber dem verführerischen Anblick der Früchte des gelobten Landes bewahrt hat; hier erfüllt sich vor unseren Augen „die Väter aßen saure Trauben, und der Söhne Zähne sind stumpf". Wie von dem Geschlechte der Kundschafter niemand übrig blieb, als nur Kaleb und Josuah, so haben in der Gegenwart nur diejenigen Einzelnen und Gemeinden sich dem echten und reinen Judentum erhalten, welche im Genuß jener Früchte vorsichtig und wählerisch waren, die nicht, wie die Kundschafter, in das Paradies eintraten, in demselben aber untergingen. Gefährlich war es zu jeder Zeit, dieses goldene Land der Freiheit zu betreten, denn dem Unvorbereiteten drohen ungeahnte Gefahren, hinter den winkenden Früchten lauert für manchen die listige Schlange. Die Trauben, die hier reifen, sind schwer und können nur von den zwiefach Gerüsteten vertragen werden und diese zweifache Rüstung sind: Wissen und Glaube. Die wahrhaft gottbegeisterten und weisen, tiefgebildeten Vertreter des Glaubens, die Kalebs und Josuahs, mußten mit dem Schwerte in Händen die begierigen Massen zurückhalten, daß sie nicht mit dem Gewinne der Freiheit Glaube und Tugend verlieren. Sie müssen warnen nur „von der Frucht des Landes" zu nehmen, nicht alles, nicht ohne Wahl und Prüfung. Wir sollen die Früchte des Landes genießen, aber darob nicht unseren Lebensbaum entwurzeln, sollen unsere Sendung nicht vergessen und zeigen, daß „ein anderer Geist" in uns wirkt, als der Geist roher Gewinnsucht und Sinnenlust, nur auf Stoff und vergängliches Gut gerichtet.

Rufen wir einander zu: „Seid mutig und nehmet von der Frucht des Landes"; seid Charaktere, Männer, indem Ihr treues Judentum allenthalben bethätiget und hochhaltet, Männer der Beständigkeit und Festigkeit, seid wie Josuah und Kaleb! Wir wollen hinauf, wollen den Berg besteigen, die Höhen der Erkenntnis, die wir vermöge und mit unserer strengen Gläubigkeit erreichen können, erklimmen. Nicht zu spät! Denn wir vermögen den Aufstieg nicht zu ertroßen; Amalek und Kanaan schlagen und zersprengen uns ansonst, wie unsere Ahnen. Wir können die schwersten Hindernisse überwinden, brauchen Amalek nicht zu fürchten.

Dann wird auch Gott mit uns zufrieden sein und uns seinen herrlichen Weinberg wieder zur Pflege anvertrauen und nicht getäuscht sehen seine Hoffnung, nicht schmerzvoll sprechen müssen: „ich hoffte auf süße Trauben, da waren es Härlinge", sondern wir werden treue Wächter und Winzer des Weinbergs sein; wir sein Liebling, Er unser Freund, wir sein Volk, Er unser Gott, „denn der Weinberg des Herrn ist Israel und Judas Männer die Pflanzung seiner Lust".

III.

זכור

Berg und Thal.

„Gehorchen ist besser denn Opfer,
folgen als Fett der Widder;
Widerspenstigkeit ist so sündhaft wie Zauberei,
Eigensinn wie Götzendienst,
weil du Gottes Wort verachtet,
verschmäht er dich als König." (I. Sam. 15, 22—24.)

Dieser Ausspruch des Propheten Samuel ist in Israel zum geflügelten Worte geworden. „Gehorchen ist besser als Opfer." Die Erfüllung der Pflicht ist durch nichts zu ersetzen und es giebt für die Nichterfüllung nicht leicht eine annehmbare Entschuldigung. Gehorsam gegenüber notwendigem und vernünftigem Gebote ist die Grundlage der Gewissenhaftigkeit und des Charakters; und umgekehrt Lässigkeit und Oberflächlichkeit in der Auffassung der gestellten Forderungen sind der Beginn der Pflichtvergessenheit, der Untreue und der Charakterschwäche. Widerspenstiger Eigensinn und Widerspruchsgeist gerechten Ansprüchen gegenüber sind wie Zauberei und Götzendienst, welche durch unerlaubte Mittel, Schliche und Selbstbetrug die Wahrheit bemänteln, verhüllen oder gar in Lüge verwandeln. Deßhalb sind Gehorsam und Pflicht Grundpfeiler der höchsten gesellschaftlichen Vereinigungen, Grundbedingungen des Lebens, der Familien, Gemeinden, Völker und Staaten. Die Möglichkeit des pflichtgetreuen Gehorsams aber wird nur durch genaue Kenntnis und Erlernung des Pflichtkreises erreicht, in welchem man lebt; durch beständige Erinnerung und Wiederholung der Forderungen, die den Pflichtkreis ausmachen, in dessen Mittelpunkte wir uns befinden.

Der Pflichtkreis des Judentums ist weit und umfassend genug gezogen, er dehnt sich über das ganze Leben aus vom Anfange bis zum Ende; vom frühesten Kindesbis zum spätesten Greisenalter reicht die Kette der Gebote, die uns an das Judentum binden und fesseln. An diese ernste Thatsache erinnert Samuel in den erwähnten Worten den König Saul. Und wahrlich! jeder einzelne bedürfte täglich und stündlich eines Samuel als eindringlichen, mutigen und unverdrossenen Ermahners, der ihm ins Ohr riefe: „Gehorsam ist alles". — Und der heutige Sabbat, an welchem wir diese ernste Szene zwischen Samuel und Saul lesen, ist der Erinnerung geweiht, der Erinnerung zunächst an Amalek, d. h. aber an alle Feinde, die dem Judentum jemals erstanden sind, an die Gründe, weshalb sie entstanden und gleichzeitig an die Art, wie Israel diese Feindschaften mit Geduld ertragen und überdauert hat.

Deshalb wollen wir heute Amaleks in der Weise gedenken, daß wir uns ein wenig mit Vergangenheit und Zukunft beschäftigen, und wir wollen dies an der Hand des einzigen Wortes „Gedenke" versuchen.

I.

זכור

Gedenke!

„Morgen stehe ich auf dem Gipfel des Hügels", so sagt Moses zu seinen Genossen am Vorabend des Kampfes gegen Amalek, der, wie wir wissen, siegreich endete. Josua führte die Schlacht, Moses stand auf dem Bergesgipfel. „Ich stehe", so sagt der Midrasch, „im Gebet versunken und gedenke der ragenden Gestalten, der Erzväter, der Häupter,

ראה, denn von Bergesgipfeln sehe ich das Volk, und es steht geschrieben, "gedacht wird der Sünde, die sie gegen die Väter, die Häupter, begingen". Dies der erste Teil der Deutung der Weisen, die sich mit den Vätern beschäftigt. Was ist Sinn und Bedeutung dieser rätselhaften Worte? — Draußen auf weit gedehntem Schlachtfelde tobt der Kampf, abseits auf einem Berge steht Moses und betet. Große Gedanken bewegen ihn, er versenkt sich durch sein Gebet in vergangene Zeiten; gedenkt der Väter, die vor ihm als leuchtende Beispiele und Muster der Tugend, der Frömmigkeit gelebt haben, die wie Bergesgipfel hoch über den Durchschnitt der Menschheit ihrer Zeit emporragten; sie waren die Gipfelpunkte im Entwicklungsgange der Urgeschichte Israels. Die Nachahmung ihres Beispiels war Schutz und Schirm in allen feindlichen Gefahren. Auf den Höhen ihrer Vollendung fand Israel Zuflucht in allen Zeiten der Not und Bedrängnis. Wie die kräftigen Stämme am Bergeshange, so standen die Kinder der Ahnen geschaart um ihre Väter, und wenn Stürme brausten, blickten sie mutvoll zum Gipfel empor, der unverrückt an seiner Stelle stand. Wie saftige Matten und Triften sich an den Bergesrücken lehnen, wo unversehrt die lieblichsten Blümlein sprießen, wenn heulende Stürme niederfahren von Berg zu Thal, emporwehen von Thal zu Berg, so lehnten sich die nachfolgenden Geschlechter treu und folgsam an der Väter stützende Hand und wandelten sonder Fährnis und Unfall ihre Bahn. Die Überlieferung der Eltern war unbedingtes Gesetz den Kindern. — Moses kennt doch die Geschichte seines Volks und gedenkt nun in der Stunde des Kampfes dieser Geschehnisse. Und er denkt weiter. So oft Israel dem Bunde der Väter untreu war, geriet es in Todesgefahr, so oft die Schäflein vom Hirten sich entfernten, gingen sie irre und fehl und stürzten in den gähnenden Abgrund. Gedacht wird der Sünde, die sie an den Vätern begangen und die Amalek heraufbeschwor; denn nur durch Sünde und Abfall vom heiligen Gesetze der Väter wurde Amalek stark und stärker und in gleichem Verhältnisse mit dem stetigen Sinken der inneren sittlichen Kraft des Glaubens und der Religion. Ja, so denkt Moses, gesündigt hat dieses Volk gegen die großen Vorfahren, das Thal hat sich gegen den Berg empört, das Thal wird verschüttet, der Berg steht unwankbar und stürmetrotzend fest. Gesündigt hat das Volk gegen die Väter, es hat, wie die Weisen sagen, die Augen der Väter getäuscht und geblendet, wie Esau die Augen des Vaters, des Hauptes, Isaks, so hinterging Israel seine Väter. Es spiegelte ihnen vor, als lebte es wirklich in ihren Traditionen, als dächte es in ihrem Geiste, und die Väter ließen sich täuschen. Nun stehe ich, spricht Moses, in inbrünstigem Gebete, unerschüttert vom Stürmen und Drängen der Zeit. Ich stehe auf dem Bergesgipfel und lasse mich nicht durch Wetterschauer verdrängen, unwandelbar ist mein Standpunkt auf dieser Höhe; mag im Thale manches sich ändern, manche Umwälzung sich vollziehen, ich sehe die Entwicklung vom Bergesgipfel, gedenke der Väter, und nur in diesem Bewußtsein der Treue und Beharrlichkeit hege ich Hoffnung auf Rettung und Sieg.

Josua siegt, Amalek ist geschlagen!

Wer von euch erkennt nicht sogleich die packende Gewalt dieser Midraschdeutung, sieht nicht sofort seine überzeugende Schilderung ein, wenn er das Judentum unserer Zeit betrachtet? Auch wir sind ringsum von Amalek umgeben. Das schwächste Auge sieht die unverkennbaren Zeichen des gefährlichen Kampfes auf der einen, des inneren Verfalls auf der andern Seite. Da ist nun der Zeitpunkt gekommen, mit Mosen den Bergesgipfel zu ersteigen, vergangener Zeiten zu gedenken und die Zukunft zu erwägen. Von Bergesgipfeln sehen wir auf die Gestalten unserer Väter und gedacht muß der Sünden werden, die an ihnen begangen wurden. Der ehrliche und aufrichtige Beobachter wird sich dem Gedanken nicht verschließen können, daß der Abfall von den Überlieferungen unserer Eltern einen inneren Zusammensturz herbeizuführen droht, dessen Anfänge bereits erschreckend klar zu sehen sind. Der religiöse Niedergang der Massen nimmt ihnen jeden sittlichen Halt, und die Phrase des Tages verdrängt Jahrtausende alte Wahrheit. Sah man ehedem dem Kampfe getrost entgegen, und stand man Moses gleich auf dem Felsen des Gottvertrauens und der aufrichtigen edelsten Frömmigkeit, so ist der Standpunkt heute ein unhaltbarer, schwankender geworden. Die Väter sehen geblendet das Treiben der Kinder, sehen mit verschleiertem Blicke die Steine des alten Glaubenshortes morsch zerbröckeln, sie überlassen das Erziehungswerk, das ihnen ohne Religion nie und nimmer gelingen wird, mit wenigen Ausnahmen dem Lehrer und der Schule. Woher denn sonst der religionslose Geist der Jugend, die in natürlichem Drange dem Tagesgespräche nacheilt und in der Hast des oberflächlichen Lebens das Palladium der Religion verläßt; denn, ist die Schule verlassen, dann ist die religiöse Erziehung ein für allemal zu Ende. Der Väter wird nicht mehr gedacht, als vielleicht an ihrem Sterbetage und auch da nicht immer; und vor ihrem Gotte erscheinen die Kinder vielleicht im Jahre der Trauer. Die heiligen Schriften bleiben ungelesen, die Gebote ungeübt, die Tradition der Ahnen ist vergessen, das Thal gedenkt des Berges nicht. Wie endet dieses traurige Schauspiel? es endet, wie das Gleichnis der Weisen es schildert: Ein Vater trug sein geliebtes Söhnlein auf den Schultern durch die Straßen. Bald sah der Knabe eine schöne Frucht, bald ein Spielzeug, bald dies, bald jenes. Der liebevolle Vater kaufte alles; lange trug er so sein Kind. Da kam ein Fremder des Weges, und das übermütige, verwöhnte Kind rief ihn und fragte: „Hast du meinen Vater nicht gesehen?" Mit Erstaunen und Verdruß hörte dies der Vater. Der Knabe hatte inzwischen vergessen, daß ihn sein Vater auf den Schultern trage; „sieh," sprach der Vater, „wie undankbar du bist, ich trug dich), erfüllte all' deine Wünsche und nun vergißt du mein". Sagt es und setzt den Knaben auf die Erde und verläßt ihn, da kommt ein wütender Hund und beißt das Kind zutode. — Wollt Ihr die Deutung hören? der Vater, Gott, der Knabe, Israel, die gewährten Wünsche, die unzähligen Wohlthaten, die er uns erwiesen hat; verwöhnt vergißt Israel seines treuen, erbarmungsvollen Vaters, der seinen Sohn voll Zorn verläßt; wütende Feinde, Amalek, kommen und verwunden den verlassenen Sohn. — Beruht denn nicht unser ganzes Wesen auf unseren Vätern? tragen sie uns nicht auf ihren Schultern? haben nicht unsere Ahnen für uns gewirkt, gestritten; verlieren wir nicht jeden Halt, wenn wir diesen sicheren Grund verlassen? ist es nicht schändlicher Undank gegen die Väter, wenn die Kinder ihrer vergessen? wenn fremder Haß sie erst erinnern muß, daß die Träger und Förderer der Söhne die Eltern sind? Vor unseren Augen wiederholt sich dieses Bild, Söhne und Schüler vergessen der Lehrer und Väter, und die verlassenen Kinder fallen in feindliche Hand. Laßt uns deshalb der Väter gedenken und aus der heiligen Schrift die heilsame Lehre erlernen, die sich zusammenfaßt in dem einzigen Worte „G e d e n k e".

II.

זכר

Ich stehe auf dem Hügel, so sagt der Midrasch, das sind die Mütter, denn es steht geschrieben, „ich erblicke es von den Hügeln" und ferner, „die Sünde an der Mutter begangen, schwindet nicht vor dir". Und welches ist die Sünde? es ist die Esau's, der verursachte, daß seine Mutter nicht unter Begleitung vieler, sondern des Nachts begraben wurde. Dies der zweite Teil der Deutung der Weisen, welche die Betrachtung über die Väter durch eine tiefsinnige Gedankenreihe über die Mütter ergänzt. Nicht nur der herrlichen Gestalten der Väter gedenkt Moses in der

Stunde des Kampfes, auch das Bild der Mütter erhebt sich in der Seele des Gottesmannes. Und er sieht sie vom Hügel, er sieht sie im friedlichen Zuge niederwallen von den hohen Bergesgipfeln der Väter auf die niedrigeren Kuppen der Hügel. Ihr Standpunkt ist näher dem Thale, ihr Gedankenkreis bewegte sich zwar nicht in der unerreichbaren Höhe der Erzväter, doch auch sie erstiegen in ihrer Weise die Höhen der Menschheit durch weibliche Tugend und Sittenreinheit, gläubige Frömmigkeit und weises Walten im häuslichen Kreise. Ihr Reich ist die Familie, das Zelt, das Haus; ihre Sorge, Leitung und Erziehung der Töchter, die sie zu Züchtigkeit und Bescheidenheit führen und sie in die hehren Aufgaben und Pflichten des Weibes und der Töchter Israels einweihen. Die Gestalten jener Mütter erblickt Moses und gedenkt mit Wehmut der Sünden, an ihnen begangen. Denn die Töchter, so meldet die Sage, haben wie Esau verschuldet, daß die Särge der Mütter in stiller Nacht hinaus getragen wurden ohne Begleitung und Gefolge des Volkes. Sie sollten enttäuscht die Erde verlassen, weil die Kinder nicht dem Beispiel der Mutter folgten. Ungesehen und heimlich ließen sie sich begraben, denn sie fürchteten die Begleitung der Kinder; was werden die Leute sagen? Das war die Mutter Esaus, war Mutter eines entarteten Kindes.

Wenn auch das Gemälde der Wirklichkeit nicht so schauerlich ist, wie es der Midrasch entwirft, ist es denn nicht wahr, daß zahllose Mütter unseres Volkes ihre Töchter nicht wieder erkennen, daß sie unter Klagen und Seufzen den religiösen Abfall der Kinder sehen? Sind die Töchter, die in tugendhaft frommen Häusern erzogen und aufgewachsen sind, wirklich Töchter ihrer Mütter? Können sie stets auf dieselbe Hoheit und Zucht der Sitte hinweisen, die ihre Mütter zierten? Schmückt sie gleich jenen die Krone der Bescheidenheit und Anspruchslosigkeit? Ersteigen sie gleich ihnen die Höhe der Vollendung ihres Charakters? Erfüllen sie die göttlichen Pflichten der

Hausfrau, wie ehedem? Wohnt das stille Glück und der heilige Friede in den vier Wänden des Hauses, die ihr Gebiet und Reich sind, wie einstmals? Bildet, wie früher das Weib allenthalben das Element der Frömmigkeit im Hause? Greift sie mit sanfter Hand ein, wenn Kummer und Sorge an die Thüren pochen? Und wenn die bange Stunde des ewigen Abschieds naht, dann gehen wankend die Töchter im traurigen Zuge, denn die Leute sagen: es war eine herrliche Mutter, ihre Töchter sind ihr nicht gleich.

So gedenkt Moses der Väter und der Mütter am Vorabende des Kampfes gegen Amalek, versenkt sich in die vergangenen Zeiten und sieht mit banger Sorge dem Ausgange des Kampfes entgegen. Er steht in andächtigem Gebete und wird nicht müde, weil er von seinen Genossen gestützt wird; er steht auf ragendem Berge und erblickt die Gestalten der Patriarchen-Väter und Erzmütter und in dem Gedanken an sie findet er Trost und Hoffnung. Er weiß: So lange die Mütter und Väter jenen gleichen, wird Amalek nicht siegen, solange die Kinder im heiligen Gesetz der Eltern leben, hat Israel nichts zu fürchten und kann ruhig in den Kampf gegen Amalek ziehen; denn wenn auch die Kinder den Weg verfehlen, der Ahnen vergessen, der Tag der Erinnerung kommt und sie gedenken des Felsenhortes, der ihr Schutz und Schirm ist. — Als Bileam ausging, um Israel zu fluchen, da ging er, so sagen die Weisen, gar klug zu Werke, wie ein findiger Gärtner, der einen Baum entwurzeln will. Der sägt und schneidet nicht erst Äste und Zweige ab, er setzt die Axt an die Wurzel. So Bileam; er sucht nicht die einzelnen Geschlechter auf, die Zweige und Äste, er faßt Israel bei der Wurzel an und spricht: „Von der Spitze der Berge sehe ich es, von den Hügeln erblicke ich sie"; die Berge, wir wissen es, das sind die Väter, die Hügel, die Mütter; in die Urzeit geht er zurück, will die Väter und Mütter, den Stamm, die Wurzel verfluchen, vernichten. Und siehe, sie trotzen dem gewaltigen feindlichen Anfall.

Leget auch ihr die Axt nicht an die Wurzel, rottet nicht aus die ragenden Stämme der Väter und Mütter. rüttelt nicht an den alten knorrigen Bäumen. Schon sind manche kräftige Äste und Zweige abgesägt und entblättert, nackt und kahl ragen die Stämme in die Lüfte, doch Israel gleicht nach den Worten Jesajahs der Eiche und Terebinte, die beim Fällen einen mächtigen Wurzelstamm übrig lassen, „so ist heiliger Keim in seinem Stamme". Gedenket der Väter und Mütter, deren Moses gedacht vor dem Kampf mit Amalek und deren Vergessen jenem zum Siege verhilft. Nur im Geiste unserer Ahnen werden wir siegen. In unserer für Israel traurigen Zeit wird die Rettung des jüdischen Geistes nur möglich, wenn, wie am heutigen Sabbat, das „Gedenke" laut und vernehmbar klingt und wiederklingt in jedem jüdischen Herzen. Das Gedenken verleiht uns die Überzeugung, daß Treue und Glauben uns alle Zeit Rettung und Hülfe war und in künftigen Tagen auch sein wird. In diesem Sinne rufe ich Euch zu: gedenket, auf daß die Erinnerung an Kampf und Sieg auch Euch aufrufe zum Glauben, zum Kampf für Israels Heiligtümer und zum endlichen Siege, und Ihr begreift, daß Gehorsam besser ist als Opfer, damit Gott uns nicht verschmähe, königlich geschmückt zu wandeln als Geistesherrscher und Helden der Pflicht; deshalb „Gedenket".

LV.

זכור.

Richtige und falsche Wage.

וְשַׂמְתָּ אֶת שְׁתֵּי הָאֲבָנִים עַל כִּתְפוֹת הָאֵפוֹד אַבְנֵי זִכָּרֹן לִבְנֵי יִשְׂרָאֵל. יִשָּׂא אַהֲרֹן אֶת שְׁמוֹתָם לִפְנֵי ה' עַל שְׁתֵּי כְתֵפָיו לְזִכָּרֹן.

„Setze ein die beiden Steine in die Schulterblätter des Ephod als Erinnerungssteine für die Kinder Israel; es trage Ahron ihre Namen auf seinen beiden Schultern zum Andenken". (Exod. 28, 12.)

Das Ephod ist neben dem Choschen ein Hauptbestand=
teil der priesterlichen Kleidung; auf den Schulterblättern
des Ephod nun trug Ahron zwei Edelsteine, auf jeder
Schulter einen; auf jedem Edelsteine waren sechs Namen
eingegraben, die Namen der Stämme nach der Geburts=
folge. Sie trägt der Hohepriester vor Gott zur Erinnerung
für Israel. Er ist ja der versöhnende Mittler zwischen
Gott und Volk, der Friedensbote und Friedensrichter; vor
seinem Auge erscheinen die Stämme alle mit ihren Vor=
zügen, Fehlern und Unterschieden, Tugenden und Gebrechen.
Ein Edelstein gleicht dem andern völlig; beide sind von
demselben Glanze, derselben Gestalt, demselben Werte,
keiner größer als der andere. Sie halten einander auf
Ahrons Schultern das Gleichgewicht und sind so das Sinn=
bild der gerechten Wage des Gottesgerichtes sowie der

Gleichheit und Zusammengehörigkeit aller israelitischen Stämme.

Sechs Namen sind geschrieben in den Edelstein der einen, sechs in den Stein der anderen Schulter und durch goldene Ketten sind diese Schulterblätter mit dem Brustschild des Rechtes verbunden, auf welchem die Namen der zwölf Stämme vereinigt erscheinen, wenn auch ein jeder nach seiner Eigenart auf einem besonderen, eigenartigen Edelsteine. So sind diese beiden priesterlichen Gewänder ein deutliches Symbol für die bei aller Verschiedenheit gleichwertige Bedeutung Gesamt-Israels vor Gott und seinem Priester und auch ein lehrreicher Hinweis, wie der Höherstehende seine Nebenmenschen beurteilen, schätzen und werten solle; eine ernste Warnung zugleich, nicht ungerecht und voreilig zu messen, zu wägen und zu entscheiden. Lasset uns dies auseinandersetzen an der Hand eines Ausspruches Salomos, der lautet: מאזני מרמה תועבת ה' ואבן שלמה רצונו „Trügerische Wage ist ein Gräuel des Ewigen, volles Gewicht sein Wohlgefallen". (Prov. 11, 1.)

Ich sehe hier von der einfachen Bedeutung dieses Fundamentalsatzes des weisen Königs ab. Jeder begreift, daß falsche Wage ein niedriger Betrug ist, den die heilige Schrift als „Abscheu" bezeichnet. Es gehört ja zu den ersten und heiligsten Pflichten des Kaufmanns, daß seine Wage, sein Maß und Gewicht voll und ehrlich seien. Das ist so selbstverständlich, daß im menschlichen Verkehre das Beobachten dieser sittlichen Lehre allenthalben vorausgesetzt und höchst selten eine strenge Nachprüfung vorgenommen wird. Und mit gerechter Entrüstung würde jeder Kaufmann es als Mißtrauen betrachten, wenn der Käufer vor seinem Auge jede Ware noch einmal messen, zählen, wägen wollte. Anders aber verhält es sich, wenn wir diesen Grundsatz vom Standpunkte des Sittenrichters betrachten. Wir könnten glücklich sein, wenn wir im Wandel dieselben Voraussetzungen machen dürften, wie im Handel. Dem ist aber unstreitig nicht so. Im menschlichen Leben

richtet falsche Wage unsägliches Unheil an; im Wechsel=
verkehre des Einzelnen, wie der Gesellschaft spielt die
gerechte Beurteilung des Nächsten eine ungeahnte Rolle;
in den Beziehungen der Völker, Staaten, Nationen und
Konfessionen richtet falsche Wage furchtbare Verheerungen
an; ungerechte Verurteilungen, Justizmorde der Leiber und
der Seelen hat sie im Gefolge, jammervolle Kriege, mord=
lustige Eroberungssucht sind ihre Begleiter; ihre Genossen
Religionshaß und Glaubensverfolgung. Mit tiefem Blicke
haben unsere Weisen diese weltgeschichtliche Lebenswahrheit
erkannt und ihr, anknüpfend an den erwähnten Satz Salo=
mos, Ausdruck verliehen. Die Heilige Schrift — so sagen
sie — hat an das Verbot: „Du darfst nicht haben Stein
und Stein, und nicht in deinem Hause Epha und Epha"
Verlängerung des Lebens geknüpft und für die Befolgung
des Gesetzes: „Volles und gerechtes Gewicht sollst du
haben" langes Leben verheißen, welcher Lohn — die Sehn=
sucht aller Sterblichen — sonst nur bei erhabensten sitt=
lichen Grundsätzen versprochen wird. Und ferner: Was
folgt in der Thorah diesen Vorschriften über echte und
unechte, gerechte und falsche Maße und Gewichte? „Ge=
denke, was dir Amalek gethan hat!" Mit vollem Rechte
sind wir über diese Aufeinanderfolge erstaunt. Wir ver=
stehen sie jedoch, sobald wir genauer hinsehen. Die falsche
Wage und der falsche Gewichtstein, sagt Salomo, sind
dem Herrn ein Abscheu; und auch er fügt sogleich hinzu
„es folgt Frevel und Schande". Diese sind die unmittel=
bare Folge der Verletzung dieser sittlichen Grundsätze; und
ebenso ist die verabscheuenswerte That Amaleks ein Aus=
fluß der Nichtachtung der lauteren Lehren über gerechtes
Maß und Gewicht. Das ist es, was die Alten in ihrer
Weisheit sagen, daß der böswillige Feind, Amalek, seine
traurige gegen jedes göttliche und Völker=Recht verstoßende
That vollführte durch die Schuld falscher Maße und Wage.
Wir haben an uns selbst erfahren und erfahren es
täglich, wohin wir geraten durch Amaleks Art und Sitte.

Man legt an uns einen weitaus anderen Maßstab, als an andere Glaubensvereine, in jeder Beziehung. Man verlangt von uns Vollkommenheit in jeglicher Art und macht, wenn einer entgleist, uns alle verantwortlich für den einen. Wie handelte Amalek uns gegenüber? — Amalek — so sagt der Midrasch — ging nach Ägypten und ließ sich daselbst aus den Archiven die Namensverzeichnisse der jüdischen Stämme geben, welche auf vergilbten Blättern geschrieben waren; dann ging er hin, stellte sich außerhalb der „schützenden Gotteswolke", die Israel in der Wüste bergend umhüllte und rief mit lockender, schmeichelnder Stimme jeden Stamm einzeln zu sich und sprach heuchelnd und gleißnerisch: „Ich bin dein Bruder, komme zu mir, ich will mit dir Verkehr in Handel und Wandel pflegen". Und immer, wenn einer allein außer dem Schutzbereiche der Wolke war, erhob er die mörderische Hand und erschlug den „Bruder". Diese Darstellung bedarf keines Kommentars; sie ist eine grelle Veranschaulichung zu hunderten Blättern der Weltgeschichte, und für uns enthält das Bild die ernste Belehrung, daß wir außerhalb des Schutzes der Gotteswolke, außerhalb der Grenze, die Thorah und Gesetz scharf und klar gezogen haben, verloren sind; daß wir dem Lockruf „ich bin dein Bruder" nicht leichtsinnig vertrauen dürfen, wenn wir nicht an Leib und Seele Schaden nehmen und Verrat an eigenen Glaubensbrüdern üben wollen. Auch uns ruft man zu: „kommt mit uns; setzet Euch mit uns an einen Tisch und labt Euch an diesen verlockenden Speisen und Getränken; menget Euch unter uns, werdet wie wir". Unzählige sind diesem Lockruf gefolgt und dem treuen Judentum endgiltig entfremdet und verloren. — Es giebt kaum eine größere Weisheit, als die, seine Nebenmenschen richtig zu beurteilen und demnach zu schätzen. Deshalb haben auch unsere Weisen die Vorsicht geboten, jeden zunächst nach der guten Seite zu beurteilen; zur Änderung des Urteils hat man Zeit, bis die Notwendigkeit es fordert. Nun sind wir allerdings argen Täuschungen und Enttäuschungen ausgesetzt, was uns jedoch nie veranlassen darf, bei der Beurteilung des Nächsten falsche Wage und falsches Maß zu verwenden, denn beide sind ein Abschen des Herrn. Hätte Amalek uns recht beurteilt, dann stünden wir und mit uns die Weltkultur auf einem anderen Standpunkte. Die Erbschaft dieses Geschlechts ist unerschöpflich, und so lange es Maß und Gewicht giebt, wird es auch falsche Maße und Gewichte geben. Ein würdiger Nachfolger Amaleks war Haman. Wie beurteilt er Israel? Da ist ein Volk, es ist nicht wert, daß man seinen Namen nennt, zerstreut und zerteilt in den Provinzen des Reiches; seine Gesetze sind verschieden von denen der übrigen Völker und — die Gesetze des Königs befolgen sie nicht! Es ist, als wenn man die Stimme der Zeit vernähme. Was ist es denn hauptsächlich, was Haman so sehr gegen den „jüdischen Mann" erbost? er sieht, daß er sich nicht beugt vor ihm; das entzündet seinen Zorn. Mit Recht, so sagen die Leute; warum hat sich aber dieser „Stockjude" nicht, nach Befehl, gebückt und dem Staatsminister seinen Respekt bezeigt? es wäre uns die ganze Geschichte erspart geblieben. Ja, sagen die Weisen, Haman hatte Götzenbilder in sein Staatskleid eingewoben, und vor diesen konnte und durfte sich der fromme, jüdische Mann nicht bücken; nicht, als ob er dem Würdenträger die Anerkennung hätte entziehen wollen. Derselbe Jude ist gewiß in größter Ehrfurcht vor jüdischen Gelehrten und Gottesmännern aufgestanden, hat sicherlich dem Weisen und Edlen, der durch Wissen und Wesen seine Würde erlangte, die Ehrenbezeugung nicht verweigert. Dem hoffärtigen, eitlen Haman aber, dem Höfling mit dem golddurchwirkten Götzenmantel gegenüber, krümmte sich der Rücken „des jüdischen Mannes" nicht; da blieb er ein aufrechter und ungebeugter Jehudi.

Hier haben wir ein Beispiel, wohin falsche Beurteilung führt. Hätte Haman in Erwägung gezogen, daß der Jude sich wohl vor der wirklichen Würde, vor dem unbestreitbaren Verdienste, vor der Größe der Weisheit, der Würde sich bücken könne, nicht aber vor aufgeblasener Eitelkeit, vor Hochmut, Titeln und Götzen, — er hätte richtiges Maß und Gewicht gehandhabt diesem herrlichen Manne und Volke gegenüber. Und diese Art der Beurteilung seitens Haman hat entsetzliche Schicksale über uns gebracht. Nach Amaleks Ansicht hätten wir Brunnen vergiftet und Kinder gemordet, Pest verursacht und Tod gebracht, Heiligtümer geschändet und Geweihtes entweiht; nach Hamans Ansicht und Schätzung hätten wir kein Recht als Menschen und Bürger und Söhne des Vaterlandes, weil unser Religionsgesetz verschieden ist von dem seinen, wir m ü s s e n so werden, wie alle. Diese amalekitische Art der Menschenabschätzung und Wertbemessung des Nächsten, diese zwangsweise Verführung zum Verlassen der „Schutzwolke" war hie und da zum Kampfmittel eigener Brüder erkoren. Doch nicht nur uns, auch andere Völker traf durch dieses falsche Maß und Gewicht schweres Unheil. Mancher furchtbare Krieg, mancher Völkermord wäre erspart geblieben, wenn die führenden Geister erwogen hätten, daß „falsche Wage ein Gräuel des Herrn" sei.

Muster und Beispiel muß uns vielmehr der Priester sein, der auf seinen Schultern die Sündenlast der Gemeinde trug; dieselben Schultern trugen zwei Edelsteine mit den Namen der Stämme. Gerecht und billig war das Maß, mit dem von diesem Richter israelitische Stammesgenossen gemessen wurden und er verfiel nie in den Fehler Amaleks. Darum wollen wir eingedenk sein an diesem Sabbat der Lehren, die unsere Weisen uns geben, unsere Nebenmenschen gütig und milde beurteilen und auch Unrecht mit Nachsicht und Geduld ertragen, das uns geschieht, wenn wir durch Beobachtung göttlicher Lehren den Unwillen, Zorn und die Verkennung und Verachtung Vieler, innerhalb und außerhalb des Schutzes der Gotteswolke, erregen. Mögen alle falsche Wage und Maße gebrauchen, wir werden nicht weichen vom Wege des Rechts und der Wahrheit und uns stets, eingedenk Amaleks, das Wort zurufen „Gedenke".

V.

קְרָה

Wenn der Morgen naht —.

ויקרא אלי' לאו' יום ולחשך קרא לילה

„Und Gott nannte das Licht Tag", dies sind, so deuten die Weisen, die Thaten der Gerechten; „und die Finsternis nannte er Nacht"; dies sind die Thaten der Schlechten. Mitten in die größten Widersprüche versetzten uns diese Worte, welche die Menschheit seit Bestehen des Menschengeschlechts in zwei Lager spalten. Der Kampf des Guten mit dem Bösen ist ein uralter Kampf, und der idealste Denker muß mit Ergebung gestehen, daß er niemals enden wird. Bei allen Völkern des Erdkreises, gebildeten und ungebildeten, giebt es Geister der Finsternis und des Lichts, des Guten und Bösen. Der Ewige selbst setzte den Kampf in seine Welt und ließ Mächte des Lichts und der Finsternis erstehen. Derjenige aber, der nächtiges Laster und taghelle Tugend mit prüfendem Auge betrachtet und nur mitleidvoll und ohne Haß, urteilend doch nicht verdammend, das Treiben der Menschen beobachtet, sieht ohne Vorurteil hinab von Geisteshöhen in die tiefen Thäler, in welche nicht die würzige Bergluft reinen Erkennens dringt, wo aber schädliche Gase und Dünste eine kränkelnde Menschheit erzeugen. Wie ein Wächter auf hohem Wartturm hinausschaut nach Zeichen des Feindes und Freundes, so steht der Weise hoch über dem Getriebe der Ärmsten im Geiste;

und wenn sein Herz laut pocht und eine innere Stimme die Frage stellt: שׁוֹמֵר מַה מִלַּיְלָה, Wächter, wie spät ist's in der Nacht, wie spät? Dann erwiedert er, trotzdem ihn tiefe Dunkelheit erfüllt, und es sagt der Wächter: „es kommt der Morgen, auch wenn es Nacht ist;" Tag wird es, wenn jetzt auch tiefes Dunkel herrscht. Die Worte eines solchen Wächters vernehmen wir in unserem heutigen Abschnitte. Korach mit seiner meuterischen Rotte tritt feindlich auf gegen den Gottesmann; die ganze Arbeit seines Lebens wird von den Empörern verurteilt und verhöhnt. Moses wird von ihnen herrschsüchtig, übermütig genannt; Moses, der Bote des Allmächtigen, wird von ihnen geschmäht und gelästert. Doch Moses bleibt ruhig und gefaßt; ihn bringt kein Tadel außer Fassung; ihn, den Weisesten der Weisen, den größten der Propheten, ergreift wohl tief der Aufstand dieser Männer; wohl blutet sein Herz; doch er bietet ihnen die gelassene Antwort: „Wenn der Morgen kommt, dann wird der Ewige kund machen, wer Ihm gehöre und wer heilig ist, und er wird ihn sich nähern und den Erwählten wird er zu sich kommen lassen"!

I.

בֹּקֶר וְיֹדַע ה' אֶת אֲשֶׁר לוֹ וְאֶת הַקָּדוֹשׁ וְהִקְרִיב אֵלָיו

„Wenn der Morgen naht, wird der Herr bekannt geben, wen er auserwählt, und wer heilig ist, den wird er sich nähern". (Num. 16, 5.)

Der Herr hat, so deuten die Weisen, Grenzen gesetzt in seiner Welt; sie sind nicht verrückbar; ein Unterschied ist zwischen Tag und Nacht; so ist ein Unterschied zwischen Israel und den Völkern, wie geschrieben steht: „ich unterschied Euch von den Völkern". Um uns nicht den Vorwurf des Eigendünkels und der Überhebung zuzuziehen, wollen wir nur gleich bemerken, daß wir das Wort der Weisen nicht allzugenau nehmen wollen; Israel ist Tag gewesen gegenüber den heidnischen Nationen, in deren Nachbarschaft es lebte; aber wir dürfen unsere Zeit=

genossen, mit denen wir leben, nicht mit jenen verwechseln. Soviel jedoch ist wahr, daß wir noch immer der M o j e s unter den Völkern sind, und die Völker um Korach sich scharen, sich auflehnend gegen Moses. Es werden von allen Seiten Versuche gemacht, die Grenzen, die der Herr gesetzt hat, zu verrücken. So wie der kühne Erfinder das Licht der Sonne zu überbieten sucht und selbst die treibende Kraft, die Pflanzen wachsen und gedeihen läßt, zu übertreffen sucht durch künstliches Licht und künstliche Wärme, so wie des Menschen Geist Mittel erfunden hat, die tiefste Nacht in Tageshelle zu verwandeln, so grübelt und sinnt der Forscher nach Mitteln, die Gegensätze im Glauben auszugleichen, prüft und versucht wie der Naturforscher und legt die Menschenseele auf den Seciertisch der Beobachtung, zählt und wägt die Teilchen im Blute, und nur zu oft entdeckt das Auge selbst des Vorurteilslosen semitische und nichtsemitische Blutkörperchen fühlt man arische und orientalische Pulsschläge. Aus der Mitte derjenigen aber, welche den Menschen- und Völkerfrieden ersehnen und wünschen, entsteht der Ruf: Verschmelzung, Angleichung, Aufgeben der alten Bräuche, die veraltet sind, der Sitten, die den Sitten unsrer Tage nicht mehr gemäß! Wohl haben die Propheten selbst den Tag verkündet, da alle Menschen gleich, und nur ein Geist alle beseelt, der Geist der Menschlichkeit; doch da müssen wir den Weisen glauben und fragen: „Könnet Ihr Tag mit Nacht vermengen?" Tag und Nacht vermengt giebt eine Dämmerung, giebt ein Halbdunkel, in dem man nicht mehr unterscheiden kann; denn das Zeichen des Tages ist: „wenn einer den andern kennt". Wo ist das Morgenrot, das so lieblich lächelt, daß ein Mensch in dem andern einen Menschen sieht? daß man zu unterscheiden versteht zwischen Freund und Feind und doch den Menschen in Allen wiederfindet? Es ist die Frage, ob aus jener Vermischung zwischen T a g und N a c h t eine Morgendämmerung entstehen wird, auf die ein heller leuchtender, belebender Tag wird folgen, oder ob es sein wird eine Abenddämmerung, auf die dunkle, finstre, traurige Nacht eintritt?

Wer von uns möchte nicht, daß alle Menschen gleich sein sollen? Denn alle Menschen, alle könnten heilig sein, wenn nur nicht dieser Ruf von Korach stammte; so oft er ertönt, gemahnt er an seinen Ursprung! Der Aufschrei der Mengen nach Gleichheit Aller, der gellende Ruf nach gleicher Verteilung der Güter entspringt nicht der hohen Überzeugung, daß alle gleich sind inbezug auf Pflicht, gar oft, daß Alle gleich sein sollen im Genießen; der Aufschrei unserer Glaubensgenossen nach Ausgleich und Vergleichung mit Andersgläubigen nicht dem Wunsche: "Wer gäbe, daß alles Volk aus Propheten bestände"; vielmehr dem wundersamen Bedürfnisse, zu rütteln an den Bräuchen unserer Väter, die heilig waren, der mangelnden Erkenntnis, daß wir aufhören, die Propheten des Glaubens Israels zu sein, wenn wir in Allem es andern nachthun wollen. Es herrscht, man kann es wohl sagen, ein Zwielicht, ein Dämmerlicht in unsrer Zeit und nur manchmal leuchtet es auf in einem hellen Kopfe; wohl möchten alle Propheten sein; wir haben Apostel für Menschenglück; jede Tageszeitung verkündet uns den Namen eines neuen Sendboten, die Ankunft eines neuen Messias, der dem Judentum Ratschläge erteilen möchte. Und aus unserer Mitte selbst vernehmen wir den Zuruf: bei uns ist's Nacht, unser Glaube ist finster und dunkel, drüben bei Anderen ist's Tag und Licht! Doch nichts dergleichen erschreckt den beobachtenden Weisen; er harrt ruhig des Tages und der Stunde, da alle Gegensätze schwinden und alle Kriegesstürme schweigen, die Waffen ruhen werden. Der Ewige selbst wählt sich die Besten und das Beste aus; Moses, der Weise, der berufen ist, der geistige Vertreter seines Volkes zu sein, er antwortet: "Wenn der Morgen naht"; wenn das Licht der Erkenntnis in allen aufleuchtet, wenn alle Menschen emporgestiegen sind zur Wahrheit im Glauben und im Wissen, "dann giebt der Ewige kund, denjenigen der Sein

3.

ist"; dann verkündet er den Nationen, was göttlich und was menschlich, was heilig ist.

II.

בין קדש לחל

„Gott hat ausgeschieden als Heilige Ahron und seine Söhne; könnet ihr Tag und Nacht vermengen, dann könnet ihr auch diese Ordnung stören", so sagen die Weisen weiter.

Trotzdem die heilige Schrift mit allen Mitteln für die Verbreitung des Glaubens kämpft, daß alle Menschen gleich, trotz der ausdrücklichen Bemerkung, daß alle in Gottes Ebenbild geschaffen sind, sie selbst die Liebe zu dem Nächsten als letztes Ziel und letzten Zweck der Religion hinstellt, die Propheten und frommen Dichter allenthalben die Gleichheit aller Menschen preisen: „Haben wir nicht Alle einen Vater, hat nicht ein Gott uns geschaffen?", trotzdem sie Heiligkeit von allen fordert, unterscheidet die Heilige Schrift zwischen Priestern, Leviten und unadligem Volke. Ja, bis heute hat sich unter uns der Unterschied erhalten, und strenge wird der Stammbaum nachgeprüft, und jeder Priester ist stolz auf seine Priesterwürde, die ihn berechtigt, die Gemeinde zu segnen, jeder aus dem Stamme Levi stolz darauf, daß er den Kohanim zu Dienste sein kann. Ja, unsre Weisen gehen so weit, diese Unterscheidung als unverrückbar hinzustellen, wie Tag und Nacht.

Wir müssen, meine Freunde, den Gedanken tiefer fassen. Wer ist ein Priester? Nicht der allein, den sein Stammbaum zu diesem Titel berechtigt. Die Priester sind das Adelsgeschlecht, das in seinem Wappen die Krone der Thora, die Krone der Wissenschaft trägt. Dieser Unterschied zwischen Wissenden und Unwissenden ist nicht zu tilgen, mit keinem anderen Mittel, als mit dem der allgemeinen Bildung wegzutilgen. Es ist die merkwürdige Beobachtung zu machen, daß die Unbildung, welche wohl zu unterscheiden ist von Nichtbildung, sich stets auflehnt gegen die Bildung. Die Vertreter der Geistesarbeit waren nie, oder selten geliebt und geschätzt von den Vertretern der Leibesarbeit. Die Kluft, welche sie trennt, ist zu groß, zu tief der Abgrund, welcher zwischen beiden gähnt. Wie zwei Weltteile, die das Weltmeer trennt, so sind sie scheinbar geschieden, und man spricht nicht umsonst von einer gebildeten und ungebildeten Welt. Doch verbindet nicht das gewaltige Gewässer die Teile der Erde, ist der Ozean nicht eine Völkerbrücke, auf der die gewaltigen Mengen einander begegnen? Fährt nicht die Kultur auf den Gewässern, wird nicht die Bildung, wie Frachtgut auf dem Kauffahrteischiff, getragen von gewaltigen Seglern von Erdteil zu Erdteil? Wohl sinkt manches Fahrzeug mit kostbarer Ladung, wohl wird es zerschellt an furchtbarer Klippe, doch viele gelangen an ihr Reiseziel. Die Versuche der Kämpfer für Bildung der Geister scheitern nicht immer. Doch es muß kühne, mutige Männer geben, welche sich hinauswagen ins stürmende Meer, wo Wogen brausen und die Brandung brüllt; es muß Männer geben, welche auf segelberaubtem Schiffe die Thatkraft nicht verlieren und im richtigen Augenblicke die Rettungsboote auswerfen für Diejenigen, welche aus dem Sturme gerettet sein wollen; die Segel hissen und den Kommandoruf ertönen lassen ist Sache des Führers im Stürmen; und wenn die Wogen der Bildungsfeindlichkeit über dem Kopfe des Tapferen zusammenschlagen, dann sinkt er mit dem Bewußtsein, seine Arbeit gethan zu haben. — Leviten sind diejenigen, welche die gehegten Gedanken in Wirklichkeit umsetzen. Wie mancher große Gedanke ist gestorben, weil er nicht verstanden wurde und wenn, so mißverstanden. Gar mancher Menschen beglückende Plan ward zerstört von leichtfertiger Hand; wieso kommt es, daß die uralten Gedanken der Menschenliebe und Menschengleichheit immer aufs neue bewiesen werden müssen, ja daß erst entdeckt werden muß, daß man Liebe jedermann entgegenbringen soll? weil das Gedächtnis der Menschheit schwach, weil die Denkkraft gelähmt ist!

Es ist eine traurige Gewißheit, welche die Weisen aussprachen: So wenig Tag mit Nacht sind zu vermengen, so wenig können Priester und Leviten sich vermengen mit dem Gemeinen. Das Edle, Erhabene, Wahre kann nicht Gemeingut aller werden. Wir verzweifeln aber wahrlich nicht an dem Siege der Erkenntnis, der Wahrheit, der Menschenliebe. Es darf der Weise nicht im Kampfe für die Erleuchtung der Geister erlahmen, er kann wohl schwer verwundet, kann vielleicht zum erbarmenswerten Krüppel geschlagen werden, kann fallen in dem heiligen Kriege, die Fahne treulos sinken lassen kann er nie und nimmer. Nicht das Endliche, das Zeitliche sind sein Ziel, sein Lohn. Wer begeistert ist für Menschenliebe, den störet nicht der Haß. Israel, das berufen ist, unter den Völkern die Liebe zum Einzigen Gott zu verbreiten, läßt sich nicht in der Vollendung seiner Sendung stören; denn es ist der Moses unter den Völkern. Und wenn die Nationen um Korach sich scharen, dann bleibt es ruhig und sicher und sich selbst vertrauend; der Herr, der Tag und Nacht geschaffen, so denkt es, verläßt uns nicht: wir wollen die Grenzen der Welt nicht verrücken, lasset uns an unserem uns angewiesenen Platze. Der Ewige soll entscheiden, wer auserwählt ist; und in Israel selbst bleibt wieder dem Allweisen die Entscheidung vorbehalten, wer der Heilige und was das Heilige sei: בקר ידע ה' את אשר לו ואת. Am thaufrischen Morgen der wahren Gotteserkenntnis wird es sich zeigen, wer des Ewigen ist, und Er selbst wird ihn zu sich kommen lassen; dann sinken die Waffen aus der Hand der Gegner, sie sehen, wo Tag und wo Nacht ist, sind überzeugt, daß die Priester und Leviten das Gerechte wollen und preisen einstimmig die Auserwählten: אשר תבחר ותקרב ישכן חצריך „Heil dem, den Du auserwählst und näherst, er kann wohnen in Deinen Höfen".

VI.

שׂוֹמְשִׂים

und Kaisers Geburtstag.

„Fürchte Gott und den König."

„Jegliche Waffe, die gegen Dich geschmiedet ist, wird vom Glücke nicht begünstigt sein, jede Zunge, die mit Dir rechtet, wird schuldig gesprochen — dies ist das Los der Gottesknechte ihre Gerechtigkeit geht von mir aus — spricht der Herr!" (Jes. 54, 17.)

Diese glückverſprechende Verheißung gilt allerdings in erster Linie für das Volk des Propheten, der sie ausgeſprochen hat; es ist eine besondere Auszeichnung und ein ungewöhnliches Glück, das der Seher in dem Schicksale erblickt, unbeſcindet oder unversehrt von Neid und Haß das Lebensziel zu erreichen. Und nach der Anschauung des Propheten wird dieses Ziel von einem Menschen offenbar nur sehr selten erreicht; er knüpft das beneidenswerte Los an eine schwer zu erfüllende Bedingung: „Dies ist das Los der Gottesdiener, deren Gerechtigkeit von mir ist". Nur der Gottesdiener, dessen Gerechtigkeit göttlichen Ursprunges ist, darf und kann sich der beseligenden Hoffnung hingeben, daß keiner Waffe, gegen ihn gezückt, Glück, und keiner Zunge, die wider ihn spricht, Rechtfertigung zuteil wird. In solcher Weise leben nur wenige auf den Höhen der Menschheit. Die gotterwählten Gebieter der Völker, vom Schicksale bestimmt, die Lasten und Sorgen vieler Tausende zu tragen, sind zu allermeist von der Waffe bedroht, die man gegen sie schmiedet, von der Zunge, die Böses gegen sie redet. Die Gefahr vor Feinden wächst im Verhältnis zur Lebensstellung. Heil dem Herrscher, der kein Schwert und keine Zunge zu fürchten hat, doppelt Heil Dem, welchem das Los des wahrhaften Gottesdieners zuteil wird und dessen Gerechtigkeit göttlichen Ursprunges ist.

Eine solche Erscheinung ruft ein Doppeltes in uns wach: sie mahnt uns an heilige Pflicht gegen Gott und seinen Auserwählten, und beide werden uns von der Weisheit Salomos gelehrt durch den ernsten Spruch: ירא את ה' בני ומלך עם שונים אל תתערב „Fürchte Gott, mein Sohn, und deinen Herrscher, zu Veränderungssüchtigen geselle dich nicht". (Prov. 24, 21.)

I.

ירא את ה' בני ומלך.

Diese bezeichnende Nebeneinanderstellung allein genügt, dem kurzsichtigsten Auge zu zeigen, welcher Wert der Herrschertreue beigemessen wird. Gottesfurcht und Königstreue! Zwei Begriffe, die nur zu oft mit sträflicher Oberflächlichkeit besprochen und von der Öffentlichkeit erörtert werden. Die erhabene Aufgabe, die in der vollinhaltlichen Erfüllung dieser Pflichten liegt, kommt Wenigen zu Bewußtsein. Gottesfurcht ist nicht Furcht vor Gott; das ist jene Gottesfurcht, die das ganze Leben durchdringt, jede Handlung leitet, jeden Gedanken bestimmt, den Menschen zur Liebe und Tugend führt, jene Andacht, die sich nicht nur beim Stammeln der Gebete und in kalter formelhafter Pflichterfüllung äußert, die vielmehr im andächtigen Leben sich zeigt und allen irdischen Unternehmungen himmlischen Reiz verleiht.

Nicht jene Herrschertreue wird hier gewollt und geboten, die im Schmeichelworte heuchelnden Unterwerfens sich darstellt, nicht die Kaisertreue, die, wenn der Eigennutz es heischt und der Vorteil es erzwingt, die Hand beteuernd zum Himmel hebt, nicht die Herrschertreue, die angstvoll den Mund verschließt, nicht wagt, ein männliches Wort zu reden und, wenn es gilt, dem Throne Treue zu beweisen, sie fahnenflüchtig bricht; — hier ist die Herrschertreue gefordert, die in das Blut des Bürgers dringt, die ihn zum treuen Kind des Vaterlandes, zum wackern Anwalt seines Reiches macht.

Fürchte Gott und, so deuten die Weisen, du wirst zum König, zum König deiner selbst, zum Herrscher deiner Leidenschaften und Begierden, zum König im Reiche der Gefühle und Gedanken. Gottesfurcht verleiht dir Seelenadel und Geistesgröße, denn sie besteht nicht in Knechtschaft und Erniedrigung, sie weist zum Himmel aufwärts, ihr Weg klimmt empor zu den Höhen des Wissens und der Erkenntnis. Durch sie wirst du ein Fürst, dessen Diadem die Tugend, dessen Scepter Weisheit, dessen Purpurmantel Liebe ist und Gerechtigkeit; du wirst ein Fürst gleich Abraham und Moses, gleich Joseph, ein Fürst wie Franz Joseph es geworden durch Gottes Gnade und Auserwählung, ein wahrer Gottesdiener, der in sich vereinigt Gottesfurcht und Herrscherwürde, und dem wir ehrfurchtsvoll geloben Herrschertreue aus Gottesfurcht.

II.

ירא את יהוה בני ומלך

Mit scharfem Blicke hat der Spruchdichter es erkannt, daß da, wo Ehrfurcht vor der Majestät des Weltenherrschers ist, auch Ehrfurcht vor dem irdischen Herrscher nicht fehlt. Ebenso lehrt ihn die reichste Erfahrung, daß die Veränderung und Umsturzlust im religiösen und bürgerlichen Leben schwere Gefahren für Glaube und Staat nach sich ziehen müssen. Dem aufmerksamen Beobachter entgeht es nicht, daß ein Geist der Verneinung die Zeit beherrscht, ein Geist der Zerstörung längst gezogener Grenzen und nicht ohne Sorge sieht der Zukunft entgegen, wer gewohnt ist, geschichtliche Ereignisse nach Ursache und

Wirkung zu prüfen und abzuschätzen. Unbestreitbar ist die Erscheinung der Glaubensleugnung und des Versuches der Störung der gesellschaftlichen Ordnung. Der Grundsatz „zu Veränderungssüchtigen geselle Dich nicht" predigt fürwahr keinen Stillstand, keinen Rückschritt; er spricht nicht einmal das unbedingte Verbot der Veränderung in Dingen des Glaubens und der staatlichen Ordnung aus. Sinn und Wille dieses Mahnrufes ist vielmehr: „Gesellt euch nicht zu wohlfeil erkauftem Leichtsinn" in Glaubenssachen, zu überzeugungslosen Predigern der Gottesleugnung und Religionsverachtung; gesellt euch nicht zu jenen niedrigen Naturen, die sich scheuen, ihren Glauben öffentlich zu bekennen, zu den Alles verneinenden Geistern mit ihrer lockenden Verführungskunst, die zerstören ohne aufzubauen, niederreißen den altehrwürdigen Bau ohne reif erwogenen Plan für ein neues gleichgutes Haus, in das ihr flüchten könntet. Der Spruch Salomos gilt, wie für den Glauben, so für die Bürgertreue, er ruft euch zu: Gesellet euch nicht den Störern bürgerlicher Ordnung und staatlichen Friedens, verbindet euch nicht mit leichtsinnigen Verbesserern der Gesellschaft und Tadlern des Bestehenden, reicht nicht die Hand zu gefahrvollem Bunde mit großsprecherischen Volkstribunen, deren Ehrgeiz nicht mehr Ehrfurcht empfindet gegen den Thron Gottes und des Herrschers, deren Sturmlauf gegen festgefügte Ordnung nicht Halt macht vor der Majestät des Menschenrechtes und der Krone.

Darum fürchte Gott, mein Sohn, und den Herrscher und geselle dich nicht zu Veränderungslustigen. Diesem Grundsatz getreu lasset uns leben, damit wir wahrhaftige Gottesdiener werden im Sinne des Propheten, und jede Waffe, die gegen uns, unser Vaterland geschmiedet wird, und jede Zunge, die Thron und Krone lästert, zu Schanden werde, damit das Los der getreuen Gottesdiener Ihm zuteil werde, den wir Alle lieben und verehren wollen, unserem Kaiser und Herrn, dem wir in Liebe und Treue anhänglich sind.

VII.

מסעי-מטות

Israels Wanderung und Ruhe.

(Pſ. 77, 21.) נחית כצאן עמך ביד משה ואהרן

„Du führteſt wie eine Herde Dein Volk durch Moſes und Ahron".

Dieſer Gedanke des Pſalmiſten könnte als Motto über die Erzählung der Geſchichte des Volkes Israel geſchrieben werden; er giebt die Gefühle vollſtändig wieder, welche jeden aufmerkſamen und verſtändnisvollen Beobachter dieſer Geſchichte beſeelen müſſen. Denn ſie iſt ein lebendiger und unumſtößlicher Beweis für die göttliche Fürſorge und Vorſehung. Die herzergreifende Bitte unſeres großen Lehrers und Meiſters Moſes „o laß doch die Gemeinde nicht ſein wie eine Herde ohne Hirt" iſt vom Allgütigen gewährt worden. In allen Nöten und Gefahren, welche Israel auf ſeinem Lebenswege durch die Jahrtauſende bei Erfüllung ſeiner Heilbotſchaft zu beſtehen hatte, erſtand immer ein rettender Engel, ein erlöſender Gedanke, der das hartgeprüfte Volk knapp am Rande des Verderbens vorüber zu einem glücklichen Ziele führte. Die innewohnende unverſiegliche Kraft des Gottesgeiſtes und heißeſter Liebe zum überlieferten Glauben waren es, welche Wagemut und Beſtandesfreude verliehen haben. Seit urdenklichen Zeiten bis zum heutigen Tage ſind dieſe Erſcheinungen feſte Über=

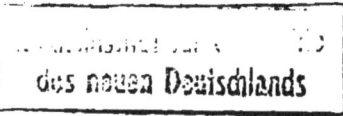

zeugung All' derer, welche ernst und reiflich über Israels Vergangenheit und Zukunft nachgedacht haben. Und sie sind auch unsere Anschauung und Überzeugung. Nur der innewohnende Gottesgeist hat uns gerettet, die Führung der gottgesandten Hirten Moses und Ahron.

Das Wort מסע deutet mit jedem seiner Buchstaben, so sagen die Weisen, und prägt dem Gedächtnisse ein die Mittel, deren sich der gütige Gott zu dieser Führung bediente, die Werkzeuge zur Vollführung dieser Großthat in der Geschichte החסדים, נסים — תורה, ימין, חיים, נביאים — כשרים, ישרים. Wunder wirkte, Leben spendete er, Seine Rechte rettete, die Thora verlieh er; er sandte Propheten, Fromme, Tadellose — — in Glück und Unglück, in Überfluß und Not, in alter und neuer Zeit, Propheten, die Israel beriethen, belehrten, begeisterten; Fromme, als Muster der Duldung und Tugend; Redliche als Beispiele der Männlichkeit, des Seelenadels und der Würde.

Nichts anderes wollen die Weisen sagen, als dies: Auf der gewaltigen Wanderung war es Gottes Liebe und väterliche Sorge, die Israel lenkte; waren es idealste Gedanken, die es trugen: die Beschäftigung mit dem Inhalte seines Gesetzes und Durchdringung des Pflichtgedankens, die es am frischen Leben erhielten.

Weil wir nun heute die Wanderzüge Israels lesen und dieses wundersame Volk beobachten, wie es von Ort zu Ort rastlos seinem Ziele zustrebt, wollen wir an der Hand dieser Schilderung eine lehrreiche Betrachtung an die einleitenden Worte knüpfen, welche lauten: אלה מסעי בני ישראל.

I.

ויכתב משה את מוצאיהם למסעיהם — ואלה מסעיהם למוצאיהם.

„Und Moses schrieb ihre Aufbrüche und Begegnisse nach den Weiterzügen auf — und folgende sind ihre Wanderungen nach den Aufbrüchen und Begegnissen." (Num. 33, 2.)

Mit vorsichtiger Hand bezeichnet er die Stationen und Punkte, welche für sein Volk geschichtliche Bedeutung hatten; ihm war es wohl bewußt, daß Zweck und Beruf dieser großen Gemeinde nicht Ruhe, sondern lebendige Bewegung, nicht Stehenbleiben, sondern Fortschritt, Vorwärtsschreiten einem bestimmten, ersehnten Ziele zu sei. Gleich bei dem ersten Schritte in das Leben und in die Freiheit war es ihm klar, daß das Endziel der Wanderung das Heiligtum des Herrn, der Ort sei, in welchem sich Alles zur Verehrung des Einen vereinte; der Gedanke an Verwirklichung dieser Idee sollte lahme Schritte beflügeln, Matte rüsten, Müde stärken. Von dort aus sollte dann das Licht der Erkenntnis ausstrahlen, heiliges Licht strömen, sollten Ströme fließen der Furcht vor Gott, Liebe zu Menschen; dort entspringen Quellen der Wahrheit sprudelnde Wasser der Weisheit, erfrischend, labend durch Allheiligkeit. Alle Unfälle, Mühsale, Gefahren, die bis zur Erreichung begegneten, waren notwendige Läuterungen, Prüfungen, Übungen, das Volk würdig, fähig zu machen für Empfang erhabener Aufgaben. Jeder Mann mußte ein erprobter Streiter und Kämpe für das Gottesideal, jeder ein Ritter dieses Geistes, ein Apostel der Religion der Wahrheit, Sittlichkeit, Liebe werden.

Die einzelnen Aufbrüche, Wegzüge waren nur Mittel zum Zweck. Nicht die Sucht nach Wanderung, Veränderung des Ortes und der Umgebung, nicht gewagte Versuche, die Gegenwart um jeden Preis zu ändern, mit der Vergangenheit um jeden Preis zu brechen, leiteten Moses Plan: ihm schwebte ein von Gott gegebenes Ideal, ein höchstes sittliches Ziel vor, und die Geschichte dieses Weges verzeichnet er „auf Gottes Befehl". Sie sollte für alle Zukunft lehren, daß man nicht rasch, übereilt, hastig, stürmisch zur Vollendung hoher Aufgaben gelangt, sondern behutsam, schrittweise, bedächtig, leise, Schwierigkeit nach Schwierigkeit überwindend, Zug um Zug, Begierde nach Begierde besiegend, Stellung um Stellung erobernd!

Niemals sollte aus dem Gedächtnis des nachgeborenen Geschlechts die Erinnerung an die Gefährlichkeit des Weges schwinden, tief eingeprägt in Geist und Herz sollte die Überzeugung sein, daß Israels Weg zum Heile, zur Tugend, zur ewigen Wahrheit führe. Was den Vätern begegnete, sollte den Kindern und Enkeln begegnen. Ewiges Vorwärtsstreben in Vollendung des Geistes, des Wissens, der Erkenntnis blieb Moses' Ideal, wie der Propheten, Gottgesandten, Führer, Lehrer, die je erstanden, ihr Wahlspruch: „vorwärts meine Seele mit Macht", zum Aufbau des Gottesreiches, Gotteshauses. Fortschritt, Entwicklung, sind die Triebfedern, die das Ganze bewegen, die Momente, welche Israels ganze Geschichte lenken: ein stetiger Aufbau neuer Heiligtümer, nicht mutwillige Zerstörung der alten, Neubau ehrfurchtgebietender Gedankengebäude.

Anders aber war der Geist des Volkes, als der Geist der Führer. — Moses schrieb die Aufbrüche zu den Wanderungen; ihm war Ziel und Zweck nicht das Wandern, Ändern, sondern die endliche Heiligung; — dem Volke aber entschwand das ideale Ziel; es wollte Neues, immer Neues, immer wandern, ändern. Nur unruhige Hast, Eile war ihm Lust, Freude. Nur fort, von der Stätte, die Gott als Ruhepunkt bestimmt hat, fort mit Altgewohntem, Hergebrachtem. Unsere Seele hat Widerwillen vor dieser täglichen Bettelsuppe! Dem unrasterfüllten Volk ist das Ziel der Wanderung Nebensache; in nebelhafter Ferne lag Jerusalem, lagen die Ideale; es hatte falsche Vorstellung, verkehrte Begriffe von Fortschritt und Ziel. Ihm waren die Prüfungen der Wüste lästige Zwischenfälle, doch rasch vergessen bei der nur vorwärts drängenden Masse.

Wären nicht Moses und Josuah, die Gottbegeisterten alle gewesen, nie wäre das Ziel erreicht, nie ein Heiligtum gegründet worden. Denn der kurzsichtige Mensch kennt keine Ideale, versteht besser zu entwurzeln und niederzureißen, als einzupflanzen und aufzubauen.

„Das sind die Wanderungen der Kinder Israel."
Bedarf es des Beweises, daß so beschaffen alle Züge des Volkes durch die Welt gewesen sind? Doch während derselben vernahm es die gewaltigen Donnerschläge des Schicksals, den dröhnenden Schritt des allgewaltigen Gottes der Geschichte. Gerettet ging sein Geist hervor aus diesem stürmischen Drängen, völkermordenden Kampfe, durch Gottes Führung und Leitung, der es führte, wie ein Hirt seine Herde, der ein verlorenes Lamm vom Abgrund holt. Dies sind Deine Wanderungen, Israel, dies dankst Du Deinem Gotte.

II.

אלה מסעי בני ישראל.

Wanderung also, Vorwärtsschreiten in der Vollführung seiner Aufgaben ist und war unsere Pflicht, sowie Entwicklung und Vervollkommnung unstreitig und nach dem übereinstimmenden Urteile der Denker aller Zeiten Ziel und Zweck der ganzen Menschheit ist. Wie gestaltet sich nun Israels Verhältnis zum Fortschritt unsrer Zeit? Was heißt und wie bethätigt sich Fortschritt vom Standpunkt unseres Glaubens?

Es ist dies eine Frage, die Gemeingut Aller geworden ist und noch vielmehr Gemeinplatz seichter Erörterung unentwickelter Menschen. Jeder mit dem Geiste seiner Zeit lebende Mensch muß naturgemäß dem Fortschritt huldigen, wofern er nicht sich selbst überleben, also für die Gegenwart unbrauchbar abgestorben sein will. Sowie es im Reiche der Gedanken keine wirkliche Gegenwart giebt, weil jeder Augenblick, indem er entsteht, der Vergangenheit angehört, so giebt es in der Menschheit keinen Stillstand. Dieses Kommen und Gehen, Entstehen und Schwinden heißt Entwicklung. Das Ziel des Ganzen ist Vollkommenheit, für den Einzelnen fällt ein Teil der großen Arbeit ab und besteht darin, daß er sie in seinem Bezirke vollendet; Ausbildung der sittlichen Persönlichkeit ist Endziel des Einzellebens und der Gesamtheit. Für uns ist dieses sittliche Ideal Inbegriff aller Hoheit, Tugend, Größe — Gott! in seinem Ebenbild geschaffen sein heißt nichts anderes, als so beschaffen sein, daß wir dem höchsten Ideale möglichst nahe zu kommen bestrebt sein müssen. Hier ist niemand befreit, keiner ausgeschlossen. Nicht der Landmann, der mühselig die Pflugschar führt, im Angesichtsschweiße das Saatkorn wirst, der Seemann nicht, der das Steuer lenkt, der Staatsmann, der weise die Regierung leitet der Kaufmann, der Waren prüft und mißt und wägt, — nicht der Handwerker, Künstler, Gelehrte, nicht Schüler, nicht Lehrer, nicht Meister, nicht Geselle, nicht Prediger und nicht Gemeinde; Alle, Alle arbeiten mit an dem großen Werk. Auch der niedrig Geborene trägt unwillkürlich den Stempel der Entwicklung seiner Zeit. Führende Geister waren und sind es, welche die Entfaltung menschlicher Fähigkeiten nach vorwärts schoben. An den Grenzen der Entwicklungsepochen stehen sie als Wahrzeichen ihrer Größe. Gleich Moses führen sie die Mengen durch Wüsten und Einöden in ein gutes Land geistigen und materiellen Glücks.

Geistigen Glücks! Denn die Hebung der Massen zur Menschenwürde soll nicht bloß durch Schaffung eines menschenwürdigen Lebens des Körpers, sondern insbesondere des Geistes führen und der Seelen; nicht nur Brod soll Allen gegeben, auch Tugend soll ihnen werden.

Was die Verfechter der Menschenrechte wollen und bezwecken, das hätte das Judentum innerhalb der Grenze seines Glaubens und seiner Religion längst erreichen können. Denn sie bildet in ihm unstreitig den mächtigsten Kulturhebel. Jedoch, anstatt dieses Endziel stets vor Augen und im Herzen zu haben, die Stationen der Neuentwicklung sich aus sich selbst entwickeln zu lassen כי אם לפסעים wird die Reihenfolge unterbrochen; nur Brechen mit der Vergangenheit, Aufgeben des Alten mit blindem Eifer für das Neue beseelen einen Teil der Glaubensgenossen —

לבשו אמרים משעם חמים; ohne Rast, ziellos, atemlos vorwärts=
stürmen; kaum ist Neues geschaffen, ist es veraltet.
Wer wollte leugnen, daß selbst die Strenggläubigsten
sich geändert haben! Sprache, Ausdruck, Gemeinde, Syna=
goge, Alles hat sich geändert; überall Neues, auch Gutes.
Wer will auch dem Stillstand oder gar Rückschritt
das Wort reden? Wir sind doch keine Dunkelmänner.
Wie aber hat sich der Fortschritt thatsächlich und vielfach
bewährt? Hat er uns Seelen gewonnen? Gläubige ver=
mehrt? Ward die allgemeine Höhe der sittlichen Per=
sönlichkeit, Begeisterung für Ideale gehoben? Wer ehrlich
ist und die Geschichte nicht fälschen will, wird die richtige
Antwort finden. Da, wo es sich bloß um Weiterziehen,
Aufbrechen handelt, bleibt das Ziel unberücksichtigt; und
das sind die Massen, ist der Durchschnitt. Nach unserer
Auffassung besteht der Fortschritt vor allem in **G e i s t e s =
b i l d u n g**; — fehlt sie vielleicht im alten Judentum?
Das Verlassen der lebendigen Quellen, aus denen Väter
und Mütter den Labetrunk der Seelenruhe geschlürft, hat
wenig Segen gebracht: שתים רעות עשה עמי אתי עזבו מקור
מים חיים לחצב להם בארות בארות נשברים אשר לא יכלו המים.
„Doppeltes Übel hat mein Volk gethan; mich ver=
lassen, die Quelle lebenden Wassers, sich Brunnen, Brunnen,
die kein Wasser fassen, gegraben!"
Die schwere Sorge um tägliches Brot erdrückt die
Ideale! Hatten die Alten weniger Sorgen? Lebten sie
nicht in traurigeren Zeiten? Wie trugen sie ihr Schicksal?
Gott im Herzen, Adel in der Seele, Geist im Kopfe, Kraft
in den Armen, Mut in der Brust, Feuer im Auge; so
wandelten sie. — Sprache der Thorah, Geist des Gesetzes,
Tröstung des Glaubens, Stärkung des Gebetes verstanden
sie. — Und ihr wolltet, könntet auf all' diese Segnungen
verzichten? Wo ist der Ersatz? In Eurer Bildung? Darf
wahre Bildung mißmutige, unfreudige, unstete, verzweifelnde
Menschenkinder erziehen? Sammlung fehlt, Seelenstärke,
Größe; von diesem seelischen Niedergang sind auch die in

ihren Fächern gewiß reich Erfahrenen, Kundigen, nicht ausgeschlossen; Wissen ist noch keine Bildung. Gebildet waren Jene, von denen wir sprachen, mit ihrem Seelen= Gleichgewicht, ihrer Geschlossenheit, Festmütigkeit, Philo= sophenruhe. Weil man in einer Zeit der Bildung lebt, ist man noch nicht gebildet. — Untreue, Religionslosigkeit, Pflichtvernachlässigen, Fahnenflucht sind keine Zeichen von Bildung, sind Beweise des Gegenteils.

Wir verlangen im Namen Moses, dem Führer zu Entwicklung und Fortschritt: Ruhe, Überlegung, Sammlung. Drum: folget dem Rufe der Pflicht als Juden, Bürger, Menschen. Strebet nach Vollendung, Bildung, Wissen; übet die Pflichten eurer großen Religion. Wandert, aber nicht, um zu wandern, sondern zu erfahren, zu lernen, zum Ziele zu gelangen. Bedenket den Ruhm, der einst diese Gemeinde zierte, als gelehrte, wahrhaft fromme, gebildete, in der es keine vollkommen Unwissende gegeben hat! Nehmet zur Hand das Grundbuch der Erziehung, Weisheit, lernet daraus, was Fortschritt heißt; lernet, daß wir nur Gott unser Dasein zu danken haben, daß unser Lebensweg einer Wanderung gleicht, gelenkt von dem weisesten der Führer; der Geist Moses beseele Euch, der sein Volk geführt durch Wüsten in ein herrliches Land, wie ein Hirt die Herde führt, damit nicht diese Gemeinde sei, wie eine Herde ohne Hirt oder — damit nicht der Hirt vergeblich seine Herde suche.

VIII.

Das Ziel.

(Ein Predigten-Cyklus.)

1.

ראשון של פסח.

ויאמר שר צבא ה' אל יהושע של נעלך מעל רגלך כי המקום אשר אתה עומד עליו קדש הוא.

„Und der Fürst der Heerscharen des Ewigen sprach zu Josua: „Streife ab den Schuh von deinem Fuße, denn der Ort, auf welchem du stehst, ist heilig. Josua that also." (Jos. 5, 15.)

Dieses kurze Zwiegespräch, das ein Gottesbote mit Josua vor Jericho an der Schwelle des heiligen Landes vor mehr als dreitausend Jahren geführt hat, ruft in uns einen Sturm von Gefühlen hervor. Wir versetzen uns im Geist in jene Zeit und an jene entscheidende Stelle zurück. Wie müssen die sehnsuchtsvollen Herzen des Volkes Israel gepocht, wie muß ihr Blick in seliger Freude gestrahlt haben, als sie hart an der Grenze des Landes standen, welches dem Urahn und den späteren Geschlechtern als Endziel einer großen Wanderung und Schlußpunkt einer mächtigen Fülle großer geschichtlicher Begebenheiten dargestellt worden war. Nun betrat der müde Fuß das heißgeliebte, heilige Erdreich — endlich nach vierzig Jahren Wüstenwanderung war das den Vätern verheißene Land erreicht. — Wohl wußten Josuah und sein Volk, daß dieser Boden ein heiliger sei, und doch erinnerte der Gottesengel Volk und Führer noch einmal eindringlich daran, abzuschütteln den Staub Aegyptens und der Wüste, denn ein folgenschwerer Wendepunkt war erreicht, eine andere neue Zeit sollte beginnen — ein Hochziel war gewonnen; zu Ende sind Lehr= und Wanderjahre, die Meisterzeit beginnt.

Israel feiert heute sein Befreiungsfest. Der allweise Gott hat es nicht im eigenen Lande gelassen, die Vorsehung ließ das Geschick der Väter sich an Urenkelkindern wiederholen. Auch wir sind auf dem Wege. Haben wir, so lasset uns fragen, das Endziel erreicht, stehen wir, gleich Josuah, auf geheiligtem Boden? und wenn nicht, auf welche Weise erreichen wir das Ziel, welcher Rüstung bedarf es, den geheiligten Boden endlich zu erobern? Laßt uns dies an der Hand eines Satzes der Heiligen Schrift erörtern, der lautet: וככה תאכלו אתו מתניכם חגרים נעליכם ברגליכם ומקלכם בידכם ואכלתם אתו בחפזון. „Also sollet Ihr das Peßachopfer verzehren: eure Lenden gegürtet, Schuhe an den Füßen, den Stab in Händen; Ihr sollet es in Eile essen". (Exod. 12, 11.)

I.

Die Stunde der Befreiung schlug. Zu Ende war die entwürdigende Sklavenarbeit, tief konnte Atem geholt werden aus der vom Joche nicht mehr eingeengten Brust, und das Ohr vermochte nun etwas anderes zu hören, als den scheltenden Befehl der Vögte; die schwere Arbeit war vorüber, der Atem nicht mehr kurz. Wer die menschliche Natur kennt, der wird begreifen, daß dieser Zeitpunkt für das Volk ein gefährlicher war, gefährlich für seine Tugend, seinen Charakter und Glauben. Der plötzlich befreite Sklave entledigt sich nicht nur der rasselnden Kette, er zerreißt allzugern die Bande des Gehorsams gegenüber dem sanften Befehle der Religion und Menschlichkeit. Leicht

greift er auch zur Waffe gegen seinen ehemaligen Frohn=
herrn und das aufbäumende und aufschäumende Gefühl
der Freiheit verwandelt diese unschwer in Zügellosigkeit.
Dem aber beugte der Ewige, nach der Anschauung der
Weisen, vor. Das Peßachopfer mußte dargebracht und
vorbereitet werden in einer Art und Form, welche jede
Anwandlung von pflichtvergessener Willkür und überheben=
den Mutes im Keime unterdrückte. Gürtet eure Lenden,
bindet den Riemen um den Fuß und nehmet den Wander=
stab zur Hand! Nicht das Kriegswerkzeug ergreife eure
Hand, nicht Schwert und Lanze, nicht den Panzer gürtet
um die Brust, sondern den Gurt des Wanderers, den
frommen Stab des Pilgers nehmt zur Hand, die friedliche
Sandale des Wandersmanns ziehet an, „verzehret dieses
Opfer, wie solche, die sich zum Wege rüsten". Der Ewige
gedachte in dieser Stunde, so sagen die Weisen weiter, des
künftigen Schicksals seines Volkes und erwählte Schutz=
engel für alle Zeiten der Geschichte. Rauhe, trübe Tage
sollten kommen; dem Volke, das mit Glaubensmut und
Frömmigkeit umgürtet war, sollten sich Völker und Ge=
schlechter in Waffenrüstung entgegenstellen, krieggeübte
Männer mit Schwertgurt und eiserner Wehr; „fürchtet
nicht", sprach der Allmächtige, „ich rüste meinen Engel aus,
und seine Lende ist umgürtet mit goldenem Rüstzeug". Es
ist der Engel Gabriel, der euch beschirmt. Und in der
That, als das Volk am Meeresufer stand und im Anblicke
des Feindes jammernd zum Himmel schrie, da eilte, so
meldet die Sage, dieser Engel herbei und schwang sein
furchtbares Schwert, um die Mizrim zu töten, doch der
Ewige hielt ihn davon mit den Worten ab: Halte an, denn
mein Volk soll nicht morden, nur die Waffen der Väter
soll es gebrauchen, nicht Schwert und Bogen, sondern
Tugend und Gebet. Nehmet den friedlichen Stab zur
Hand wie euer Vater Jakob und bedenket, daß auch Ihr
den Jordan mit dem Gottesstabe überschreiten sollt.
Bindet den Schuh an euren Fuß, Ihr seid noch nicht am

Ziele, der Boden, auf dem Ihr steht, ist noch nicht heilig. Eurem Meister und Lehrer, als er vor dem Dornbusch stand, konnte ich zurufen, ziehe deinen Schuh von deinem Fuße, denn der Ort, auf dem du stehst, ist heiliger Boden. Er bedurfte nicht mehr der Wanderung zu einem göttlichen Ziele, sein Herz war rein, sein Geist groß, sein Wissen und seine Tugend vollendet, er war nicht auf dem Wege, er war am Ziele, seine Seele hat Gott erkannt und von Angesicht zu Angesicht geschaut, er stand auf heiligem Boden. Gleich ihm sein Schüler Josuah, und auch diesem befehle ich, lege ab den Schuh von deinem Fuß, denn Moses Geist ist über ihn gekommen, auch er hat ein Ziel der Vollendung erreicht, Gott erkannt und die Aufgabe Israels begriffen, auch er steht auf heiligem Boden. Nicht so, du, mein Volk, du bedarfst der Wanderschaft, damit du zum Meister werdest, du hast das göttliche Ideal, den vollendeten Inhalt deiner Religion noch nicht ganz begriffen, wandere nur immer zu, gürte deine Lende, nimm den Stab zur Hand, binde deinen Schuhriemen, damit du auf geheiligtem Boden am Endziel deiner Reise dich der Fessel entledigen könnest. Sei getrost, dein Schuh wird sich nicht lösen und nicht abfallen von deinem Fuße und fürchte dich nicht, denn ich kröne dich mit der Ruhmeskrone des Glaubens an den Einzigen und Einen, und bewundernd und beneidend sehen die Völker die Fürstentochter Israel einherschreiten mit festem Schritt im Wandel aller Zeiten und sagen „wie schön sind deine Schritte im festgebundenen Schuh, Du Fürstentochter".

II.

ואכלתם אתו בחפזון פסח הוא ל"ה.

„Esset es in Eile, ein Peßach ist es dem Ewigen." Und wir? Uns ist vom duftenden Opfermahle nichts als das bittere Kraut und das ungesäuerte Brot geblieben. Dürfen und können wir uns an die gedeckte Tafel der Gegenwart setzen, um den Kelch der Freiheit bis zur Neige zu leeren? Können wir uns des Gurtes entledigen, frei aufatmen? Dürfen wir den Wanderstab weit von uns werfen und den hindernden Riemen vom Fuße lösen? Daß wir dies alles nicht thun, dafür sind Gott und Menschen genugsam besorgt. Wir thäten aber wahrlich nicht gut daran, den Sinn der Weisen, den sie in diese Vorschrift legten, unbeachtet zu lassen. Die zügel- und fessellose Freiheit ist für die Menschheit im allgemeinen und das Judentum im besonderen nie von Heil gewesen. Wir können und dürfen, soll das ideale Ziel unserer Sendung und Aufgabe erreicht, der geheiligte Boden allgemeiner Gotteserkenntnis und Gottesliebe betreten werden, uns nicht schon jetzt als am Ziele der Wanderung betrachten. Wir sind nicht am Ziele. Wir können zur Selbsterziehung des Judentums, zu Tugend und Glaube des Gurtes, des Stabes und der Schuhe nicht entraten. Wir müssen durch das versittlichende Religionsgesetz gebunden sein. Die Verheißungen, welche nach der Erklärung der Weisen Gott gegeben hat, sind erst zum Teile erfüllt. Noch immer sind wir Wanderer und nicht auf geheiligtem Boden, und gleich uns wandert die Menschheit ununterbrochen einem zwar unbekannten, doch gewiß heiligen Endziel entgegen. Wir bedürfen des Trostes und der Stärkung des Glaubens gar sehr, und der Stab Jakobs darf unserer Hand nicht entfallen. Saget nicht, es drücken uns Sorgen, wir können an Gott und Religion nicht denken; Gott ist Euch Trost, Religion Euch Stärkung; sage nicht zum Stabe, du bist mein Gott, zum Steine nicht, du meine Stütze. Irdisches Mißgeschick und die Ungunst der Zeit könnet Ihr mildern durch Glaube und Hoffnung. Sehet doch! meinen Engel rüste ich mit goldenem Panzer; lasset anstürmen die feindlichen Scharen, die Euer Herz bekümmern, Euren Mut schwächen, Eure Seelen betrüben, Eure Kräfte lähmen wollen; rufet dem irdischen Mißlingen entgegen, wie David einst dem Riesen Goliath, Ihr, die Kleinen und Schwachen, dem Riesen Schicksal: „Du kommst wider mich mit Schwert und Speer und Helm, ich aber gegen dich im Namen des Gottes Zebaoth". Wir haben kein Recht, den Schuh vom Fuße zu ziehen, denn der Ort, auf dem wir stehen, ist kein geheiligter; weder Moses noch Josuah haben wir erreicht, wir und die ganze Menschheit mit uns sind weit entfernt von der Grenze des heiligen Landes, weit von Jericho. Wir sahen und sehen jedoch den deutlichen göttlichen Schutz, den er uns zuteil werden ließ im Lauf der Jahrtausende; wir sahen es in Ägypten und am Schilfmeer, in der Wüste und im heiligen Lande, wir sahen es in alter und erleben es in neuer Zeit. Du altes, wanderndes Volk, dein Schuh ist nicht abgefallen von deinem Fuße und noch immer wandernd bist du Gottesvolk. An deinen Festen, wenn du die Erinnerung an Gottes Schutz und Hilfe feierst, kann man dir zurufen: Wie schön sind deine Schritte, Fürstentochter; dies sind, so sagen die Weisen, die drei Jahresschritte, mit denen Israel stets vorwärts schreitend in Glaube, Gottesfurcht und Tugend, doch nie vergißt, daß es nicht am Ende der Wanderung ist. Wohl befolgt es den Grundsatz, sage Israel, daß es vorwärts schreite, doch nie auf Kosten seines Glaubens und seiner bedingungslosen Gottergebenheit. In Eile war das Peßachlamm in Ägypten verzehrt, denn nicht die Labung und Erquickung am Opfermahle war Zweck desselben, sondern der Gedanke, den es darstellte, als Gottesopfer. Auch in der Zukunft, wenn Gott die Menschheit und mit ihr Israel erlösen wird, dann wird ein Peßachopfer dargebracht, und der Ewige eilt, die Menschheit diesem Glücke entgegen zu führen. Berge und Hügel überspringend schreitet die göttliche Erkenntnis fort; die Menschheit aber und Israel zumal darf nie in stürmischer Eile vorwärts gehen, sondern im ruhigen Gange des Wanderers, der nach allen drohenden Gefahren sorgsam ausblickt, er darf den Gurt nicht lösen, den Stab nicht aus der Hand legen, den Schuh nicht vom Fuße thun; und wir dürfen nicht von uns werfen unsere heilige Waffe, den Jakobsstab, unseren göttlichen Schutz, den Gurt des Gesetzes, unsere gute Wehr, den Brustschild des Rechtes, „nicht in Eile geht Ihr hinaus, und nicht flüchtig schreitet Ihr vorwärts, denn vor Euch her geht der Ewige". Gott schreitet vor uns und dann, wenn wir an die Grenze des heiligen Landes gelangt sind, wird ein Gottesbote, wie zu Moses und Josuah, auch zu uns sprechen, ziehe aus den Schuh von deinem Fuße, denn der Ort, auf dem du stehst, ist heiliger Boden.

IX.

Das Ziel.

2.

אחרון ש׳ בפה.

Einsam ging ich den sanft aufsteigenden Hügel hinan, den Ihr alle kennet, und ließ den Gedanken, wie sie kamen und schwanden, freien Lauf. Da fesselte mein Auge ein liebliches Bild. Ich sah einen blühenden Baum — den ersten im eben beginnenden Frühling; eine innere Stimme fragte: „was siehst Du"? Und die Antwort lautete; מקל שקד אני ראה „einen blühenden Mandelbaum sehe ich"; es war wirklich ein blühender Mandelbaum. „Du hast richtig gesehen; denn so wie diese Frühblüte sich beeilt, den Frühlingssonnenstrahl zu grüßen, so eile ich, mein Wort zu vollziehen", hörte ich eine Stimme sagen. Welches Wort? Sollte Gott, so fragte ich mich, das Schicksal Israels wieder so traurig werden lassen, wie damals in Jeremias Zeiten? wie wird es mit Israel werden?

Und wieder sah ich etwas, was Ihr alle kennet, und was meine Gedanken wachrief. Im Hintergrunde des blühenden Mandelbaums sah ich unseren jüdischen Gottesacker. Wie ausgestreckte weiße Finger ragten die Leichensteine aus grünem Rasen zum blauen Himmel empor; ich sah den ehrwürdigen Platz, auf welchem die herrlichen Menschen und Juden ruhen, die einst geistige Führer unserer Gemeinde waren; deren Geister umschwebten mich, und mein Herz pochte vernehmlich, und ich fragte mich:

„Können diese Gebeine wieder lebendig werden?" התחיינה העצמות האלה. Und die Stimme des Propheten Ezechiel sagte mir: „Ich bringe Geist in Euch und Ihr lebet auf". Die beiden Bilder flossen in eins zusammen, der blühende Baum, das Gräberfeld; und ich dachte: Blüht Israel wie dieser Baum oder ist es tot, wie jene dort drüben? Wohin führt sein Weg, welches ist sein Schicksal? Ist es am Ziele oder noch auf der Wanderung? Da rief mir eine innere Stimme zu die Worte des Dichters des Hohen Liebs: „Gewaltige Gewässer können nicht auslöschen die heiße Liebe, und Ströme sie nicht wegspülen"! Das tröstete mich. Gottes Liebe ist unendlich, kein Sturm, kein Meer kann sie zerstören, denn der Ewige hat Israel Sich erschaffen und gebildet. Wie aber zeigt sich diese Liebe, und wie wird sie zum Heile Israels erhalten? Wenn Israel nicht am Ziele ist und den geheiligten Boden noch nicht betreten hat, wie zeigt sich die Gottesliebe auf dem Wege zum Endziel? Dies lasset uns erörtern im Anschlusse an unsere Betrachtung vom ersten Tage des Festes und an der Hand der Worte der Heiligen Schrift, die wir gestern gelesen haben: נהית בחסדך עם זו גאלת נהלת בעזך אל נוה קדשך.

1.

נהית בחסדך עם זו גאלת

„Du führtest mit Deiner Gnade das Volk, das Du erlöset hast (Exod. 15, 13.)

Es war, so erklären die alten Weisen, lediglich ein Ausfluß der Liebe, daß Gott Israel aus Mizrajim befreite; es fehlten dem Volk die geistigen Großthaten, die es später zum Gottesvolk umgestalteten; es war eine That der Gerechtigkeit, daß Gott ein Volk erlöste, welches ohne jeden Grund von einem zweiten geknechtet wurde; das Volk sollte ein lebendiger Beweis der Gottesliebe sein, um später selbst Träger und Prediger der Menschenliebe zu werden. Ewig sollte es die Liebesthat Gottes den Geschlechtern verkünden und die hehre Botschaft bringen, daß die Welt auf Liebe gebaut ist: „Die Gnade Gottes will ewig besingen, von Geschlecht zu Geschlecht kundgeben seine Treue, denn ich sage: Die Welt ist auf Liebe gebaut".

Wie aber, so fragen die Weisen weiter — kann ein Volk Gottes Ruhm verkünden, wie kann d i e s e s V o l k ״ ײ, das Du in Liebe geführt und erlöset hast, Deine Ruhmesthat loben? Gott sagt es und erteilt Rat: „D i e s e s V o l k habe ich m i r geschaffen und gebildet", und durch sein Bestehen allein „verkündet es meinen Ruhm". Doch sein Bestehen, sein eigenartiges Leben, wundersam und angestaunt, allen Stürmen trotzend, muß durch Gott beschützt und gesichert sein, denn „dieses Volk ist Gottes Besitz". Es ist ein קנין des Ewigen, wie Himmel und Erde Gottes Gründung und Besitz sind, weil er doch ist „Gründer des Himmels und der Erde"; wie Jerusalems Heiligtum seine Gründung und Besitz ist, „der Berg, den gegründet seine Rechte", und wie die Thorah sein Besitz und seine Gründung ist, die von sich sagt: „Der Herr hat mich gegründet als Anfang seines Weges".

Und diese einzige, sonderbare, unvergleichbare Stellung im Weltenkreise und im Völkerchore, diese Religion der Religionen, dieses Volk der Völker, dieser Glaube der Glaubensbekenntnisse mit seinem Buch der Bücher, diese Stellung muß mächtig behauptet werden, um ewig zu bleiben der Liebling Gottes, um Gott ewig zu lieben und die Welt Liebe zu lehren. „Sechzig sind der Königinnen und achtzig in Gunst stehende Frauen — einzig ist mein Täubchen, mein frommes". Unzählig sind Völker und Stämme, mannigfach ihre Art, Gott zu verehren und anzubeten, einzig aber ist Israel! Bewahrt es diese seine Eigenart, dann ist es dasselbe Volk, das ich in Gnaden geführt und erlöset habe. — Die Führung der Vorsehung waltet sichtbar in der Geschichte unseres Volkes. Wer das leugnet, leugnet den Hauptgrund unserer Geschichte und hat sich selbst aus der Gesamtheit Israels ausgeschlossen; denn seines Volks Geschick ist nicht mehr sein Geschick, dessen Glück nicht das seine. Gott führte auch uns mit seiner Gnade und erlöste uns; und stündlich führt und erlöst er uns aufs Neue. Wir dürfen uns nicht darüber täuschen, daß wir auch heute noch ohne Seine Gnade ein Opfer des alles verschlingenden Meeres würden, des tosenden Stromes der Zeit; jedoch Gottes Liebe läßt sich im Zeitstrom nicht ertränken, und „gewaltige Gewässer können nicht auslöschen die heiße Liebe". Wie aber ist es mit Israels Liebe zu Gott bestellt? mit diesem Volke, עם זו, das Er Sich geschaffen hat, damit es Seinen Ruhm verkünde? Gut, unser Bestehen allein ist Ruhmes= verkündigung; dieses aber haben wir seiner Gnaden= waltung und Gerechtigkeit, nicht unserer Güte zu danken; denn mit der reinen Liebe zum Göttlichen, der Liebe, „auf welche die Welt gebaut" sein soll, ist es auch in Israel nicht allzugut bestellt. Oder ist es vielleicht nicht so? Anerkennt ein Bruder den anderen, und nament= lich erweist jeglicher in Israel dem anderen die ihm ge= bührende Ehre, welche er dem Andersgläubigen so leicht und ohne Zögern erweist? Betrachtet sich unser Volk heute wie ehedem als das Gottesvolk, als Sein Besitz und Seine Gründung, sowie Himmel und Erde Seine Schöpfung, die Thorah Sein Werk sind? Sind wir die würdigen Ruhmesverkünder im Völkerkreise? Wie viel ist denn von dem עם זו übrig geblieben? Und welches ist der Ersatz für den verlorenen Ruhm? Die Führung und Erlösung sind uns unstreitig zuteil geworden. Wo ist die Liebe?

Die Liebe, meine ich, zum Volk, zum Glauben, zum Judentum, zu Gott!? Wohl, sie wird mit viel Be= geisterung behauptet; man schmeichelt sich so gerne, „ein Mensch" zu sein, nachdem man den inneren und äußeren Juden abgestreift hat; man giebt vor, an Gott zu glauben.

Wo aber sind die Beweise für diese gepriesene Menschlich=
keit, zu der in erster Linie Tugend und Charakter gehören?
Oder sind vielleicht die Helden dieser Phrasenmenschlichkeit
allemal Muster der Tugend und der Charaktergröße?
Wo ist das Volk, ‏עם זו‎, das Du erlöset hast? es ist
ein anderes, aber doch kein besseres geworden; ist es denn
überhaupt noch ein Volk, zusammengehalten von den
starken, eisernen Banden der Glaubenstreue und unge=
heuchelten tiefgründigen Gottergebenheit? Ist Israel noch
immer das einzige, „das fromme, das Täubchen, das
sanfte". Möchte es doch der Führung und Erlösung sich
würdig erweisen und in ihm wiedererstarken die unaus=
löschliche Liebe, wiederblühen die Blüte des Glaubens.

II.

‏נהלת בעזך אל נוה קדשך‎

„Du geleitest es mit Deiner Kraft zur heiligen
Stätte". Die Macht und Stärke, durch die Gott sein
Volk zur heiligen Stätte führt, ist nach der Auffassung
unserer Weisen die Thorah; sie war und ist der uner=
schütterliche Hort des Wohls und Friedens. Das ist jene
geheime Macht, die in allen Zeitläuften Wunder gewirkt
hat, in Tagen des Glücks und der Trauer, des Aufstiegs
und des Niederganges, der Völkerliebe und des Völker=
hasses. Sie war Kraft und Gesang, Sieg und Lied. So
wie aus Moses unsterblichem Liede dieser Jubelruf
‏עזי וזמרת יה‎ ertönte, so rang er sich aus der Brust des
Königs David, und so wie er aus dessen Dichterherz
erklingt, so erhebt mit mächtiger Stimme auch Jesajah den
Ruf. Der erste Schritt, den Israel in die Freiheit machte,
geschah unter diesem Zeichen, und mit dieser Losung ward
die Glanzperiode des Königreiches erreicht, und der größte
der nachmosaischen Propheten erkennt in diesem Merkworte
Gott selbst. Im Vollakkorde klingt es so aus Moses=
Davids=Jesajahs Mund „Mein Sieg und Sang ist Gott".

— Die Thorah ist uns Labung, Trost und Stärkung, sie verleiht uns die Kraft und giebt uns die Weisungen, die Liebe in Thaten umzuwandeln und hinzugelangen zur Stätte der Heiligkeit. Die Behauptung der Liebe zum Glauben, zu Gott und Menschen reicht nicht hin, auf daß wir unser, die Menschheit ihr Ziel erreiche. Die Menschheit erreicht ihr Ziel, ihre Stätte der Heiligkeit auf verschiedenen, getrennten Wegen. Sowie zum Bau eines Palastes nicht eine Meisterhand alles leistet und leisten kann, sondern tausend Hände sich regen und viele Köpfe denkend beitragen, jedweder in seinem beschränkten, scharf begrenzten Wirkungskreise; kein Werkmeister greift über in das Gebiet des anderen; wer die Gründe legt und Mauern aufführt, der zimmert nicht den Dachstuhl; wer den gehämmerten und gemeißelten Schmuck der Wände bildet, zaubert nicht den Farbenglanz der Gemälde hin — alle aber streben, geleitet von einem ordnenden und umfassenden Geist des Baumeisters, harmonisch einem gemeinsamen Ziele entgegen; — so wird auch der Glücksbau der Menschheit von Hunderten Meistern zurechtgezimmert. Jedes Glaubensbekenntnis hat seinen Bauplan. Unser Bauplan ist die Thorah. Wer von ihrem Wege abweicht ist ein pflichtvergessener Arbeiter am großen Gesamtwerk. Es ist ebenso fahrlässig, verächtlich als lächerlich, diesen Weg zu verlassen; einen anderen giebt es nicht für das Judentum. Und hier gilt es, nicht von Liebe zu Menschen, Menschlichkeit, zu träumen und andächtig zu schwärmen, hier gilt es, selbst Hand anzulegen. Dem ist nicht zu trauen, der vorgiebt, der Menschheit zu dienen und gleichzeitig sein eigenes Gebäude verfallen läßt, wohl selbst an den Grundpfeilern rüttelt. Wo ist hier die rettende, erlösende That? Es ist Selbsttäuschung und Täuschung anderer, aus dem natürlichen, zwar kleinen Kreis seines Wesens und Wirkens herauszutreten, bevor innerhalb desselben alles in Ordnung gebracht ist, um sich angeblich in den Dienst höherer Zwecke zu stellen. Der Weg zu

Menschlichkeit und Tugend wird uns durch unsere Religion, unseren Glauben, unsere Thorah geebnet; niemand darf so vermessen sein, zu glauben, dieses göttlichen Mittels entraten zu können. Das ist Schwärmerei, Trugbild, wenn nicht gar Betrug. Sind wir stärker als Moses, David, Jesajah? Ist unsere Zeit größer an Charakter?

Wollen wir als Juden ein Gott und Menschen wohlgefälliges Ziel erreichen, wir sind vollkommen außer Stande, es anders zu erreichen, als auf dem Wege, der uns mit klaren, scharfen Strichen vorgezeichnet ist, und den Gott uns leitet zur heiligen Wohnung.

Was unseren Ahnen heilig war, darf uns nicht unheilig scheinen. Das Judentum, welches ohne T h o r a h und ohne nach ihr eingerichtetes Leben ein Ziel erreicht, hat nicht ein heiliges Ziel erreicht; es ist kein heiliges Heim, in das wir einziehen, keine heilige Stätte, die wir betreten; denn es fehlt die K r a f t, die treibende, erhaltende, aussondernde und geschichtlich=geweihte, die T h o r a h.

Der Gott, der in seiner Liebe uns geführt und erlöset hat, er leitet uns mit seiner Kraft zur heiligen Wohnung. Lasset uns seiner Leitung folgen. Er ist es, der aus dem dürren Holze Blüten treiben, aus Gräbern neues Leben steigen läßt; Seine Liebe zu uns ist unversiegbar. Denket an das Bild des blühenden Mandelbaums mit den Gräbern der großen Männer im Hintergrunde. Der Ewige tötet und belebt, macht sterben und macht blühen. Fraget Euch ernstlich: Ehren wir unsere Eltern und Urahnen, wenn wir ihren heiligen, teuren Glauben leichtsinnig entweihen, ihren Weg verlassen und den Ruf dieser ruhmbedeckten Gemeinde verschlechtern? Wenn der Geist Gottes über sie kommt, werden die Gebeine sich beleben; lasset Euer Judentum nicht zum leblosen Knochen werden, sondern zum triebkräftigen, frischen Reis, aus dem im Frühling der Geisteserneuung liebliche, duftende Blüten reinen Glaubens sprießen. Dann wird Gott Euch segnen.

X.

Das Ziel.

3.

שבועות.

לָמָּה תְּרַצְּדוּן הָרִים גַּבְנֻנִּים הָהָר חָמַד אלוקים לְשִׁבְתּוֹ אַף ה'
יִשְׁכֹּן לָנֶצַח - עָלִיתָ לַמָּרוֹם שָׁבִיתָ שֶּׁבִי לָקַחְתָּ מַתָּנוֹת בָּאָדָם וְאַף
סוֹרְרִים לִשְׁכֹּן יָהּ אלו'.

„Warum blicket ihr neidisch ihr ragenden Hügel auf den Berg, den auserwählt der Ewige zu seinem Wohnsitz; Gott wird dort ewig weilen. — Du stiegst empor und führtest Gefangene weg, nahmst Menschen als Geschenk und Abtrünnige selbst, so daß sie bei Gott eine Stätte fanden". (Psalm 68. 17 ff.).

Der Psalmsänger, dessen edlem Herzen diese Laute entströmen, versetzt uns in hohe Stimmung. Der Gedanke, der ihn erfüllt, ist ein großer und, wenn wir ihn nachempfinden, können wir von berechtigtem Stolze erfüllt sein. Im Geist versetzt sich der Sänger an den Fuß des Sinai — an jenen Berg, der für das Judentum wie für die ganze, gesittete Menschheit ein einzigartiges, geschichtliches Denkmal geworden ist. Und, indem er den Sinai erblickt, sieht er auch andere zahlreiche Hügelketten und Bergeskuppen; es hat den Anschein, als blickten sie alle mit Neid auf den Berg Gottes, dem sie seine Herrlichkeit und Würde mißgönnen. „Warum blicket ihr neidisch auf den Berg, den Gott geliebt hat, fragt der Psalmist, — euer Neid wird die Dinge nicht wenden; Gottes Wohnung bleibt ewig dort!" Gleichzeitig steigt das Bild des göttlichen Gesetzgebers und Führers aus der Urzeit empor, Moses Bild, der zur Höhe emporgestiegen war und im Siegestriumphe den Menschen zum Menschen machte, indem er einen ewigen Bund stiftete zwischen Gott und Israel, so daß das Volk zum Volke wurde. Abtrünnige und Heidenvölker eroberte der Gottesgedanke im Lauf der Jahrtausende, so daß zahllose Völkerscharen nun im Schatten dieses Sinai lagern, bewußt oder unbewußt, dem einzigen Gotte huldigend, der sich hier offenbarte.

Diese Wahrheit empfindend deuteten die Weisen diese Psalmverse auf Israel und die Völker der Welt. Jenes gleicht dem hochragenden Sinai; wie dieser gekrönt war von der Wolke des Herrn, so ward Israel als erstes Volk mit dem kostbaren Diadem des Glaubens an den Einzigen gekrönt; und die Hügel, die neidisch blicken, sind die Völkerscharen, die freundlich oder feindlich Israel-Sinai umgeben und wider Willen sein Gesetz und seinen Glauben, wenn vielleicht auch in veränderter Gestalt, als den ihren annahmen und bis zur Stunde erhalten haben, bis zu dieser Stunde, in der wir die erhebende Feier der Gesetzgebung begehen. Denn unstreitig sind wir noch heute Gegenstand des uneingestandenen Neides der Nationen, welche — wie jene Hügel auf den Sinai — auf Juden und Judentum sehen und bedrückt sind von dem Gedanken: „Dies ist der Sinai, dies das Volk, dem wir zuletzt unsere Gesittung, unsren Gott, unsre Religion verdanken"!

Darum sind wir an diesem Feste so glücklich und so stolz, so frohgemut und selbstbewußt, weil wir deutlich fühlen, daß die Sonnenkraft der Thora ungeschwächt fortleuchtet selbst in die erstarrende Gegenwart, in der dem Ideale kein Heiligtum gedeihen, kein Altar entstehen will. Wir aber, die Träger und Verkünder dieser Thorah, haben die heilige Pflicht, ihren Wert zu schätzen um so mehr, je höher und tiefer unsere Entwickelung und Bildung werden, je weiter wir auf der Bahn des Kulturfortschritts gekommen zu sein vermeinen. Wie aber soll sich die wahr=

hafte Bildung zur Thorah stellen? Wie verhält sich falsche Bildung zu ihr? Diese Fragen wollen wir in einigen Hauptzügen erörtern und, zum Teile den Gedanken eines Großen unserer Zeit folgend, uns leiten lassen von dem heute aus Ruth gelesenen Satze: לִינִי הַלַּיְלָה וְהָיָה בַבֹּקֶר אִם יִגְאָלֵךְ טוֹב יִגְאָל וְאִם לֹא יַחְפֹּץ לְגָאֳלֵךְ וּגְאַלְתִּיךְ אָנֹכִי׃ „Verweile diese Nacht; am Morgen, wenn er dich löset, gut, dann mag er dich lösen; will er nicht, dann löse dich Ich." (Ruth 3, 13.)

I.

An diese Worte, die Boas zu Ruth spricht, knüpfen die Talmudweisen eine merkwürdige Erzählung, die sich im zweiten Jahrhundert nach Zerstörung des Heiligtums in Jerusalem zugetragen hat. Es war eine Zeit, in der dem Judentume durch das Eindringen neuer Ideen und Vorstellungen manche Gefahr drohte. Die Wissenschaft und Bildung der Völker zog immer tiefere Furchen in den gelockerten Boden altheiliger Tradition; die erregten und durch die Zeitereignisse für alles Neue leicht empfänglichen Gemüter waren den Lehren der Fremden unschwer eröffnet, und mit hastiger Gier verschlang mancher die unreifen und ungeprüften Ergebnisse. Trotzdem blieb das Ganze ziemlich unbehelligt und unbeschädigt. Nur Einzelne wurden von dem sinneberauschenden Taumel ergriffen und gingen in den unbarmherzigen Fluten des, alles Überlieferte leugnenden Geistes unter. Ein großer Geist des Judentums verfiel diesem traurigen Schicksal; es war Elischa, der Sohn Abujahs. In frühester Jugend schon ein stürmischer Feuergeist, dessen Haupt schon in der Wiege von einem Lichtschein umstrahlt war, wuchs er zu einem hochgelehrten Meister heran. Doch der Wissensdurst führte seinen rastlosen Fuß zu vergifteten Quellen; mit lechzender Lust zog er in vollem Zuge fremde, heidnische Weisheit — er wurde ein A ch e r, ein Anderer, als er ehedem war, und der ver-

5.

ehrte, jüdische Fromme verwandelte sich in einen Verächter und Schänder der Thorah. — Vergeblich bemühte sich sein Schüler Rabbi Meïr, ihn dem Judentume wiederzugewinnen.

Auch dieser beherrschte das Wissen seiner Zeit, auch ihm waren die Systeme und Theorien der heidnischen Gelehrtenschulen kein Geheimnis; doch in ihm loderte das Feuer des Judentums so stark und heiß, daß das fremde Feuer in die Glut der Thorah sank und die fremden Geistesfunken im heiligen Lichte der Thorah verglommen.

In ernsten Gesprächen ermahnte er seinen noch immer geliebten Lehrer und Meister, zurückzukehren und reuig Gott zu verehren. Auf einsamen Wegen und Lustwandelungen sprach er ihm tief in die Seele. „Alle können Buße thun — so erwiderte ihm Elischa — nur nicht ich: eine Himmelsstimme rief mir dies zu, als ich an einem Versöhnungstage, der zugleich Sabbat war, auf den Tempeltrümmern auf meinem Rosse einherritt"! Schmerzerfüllt verzweifelt Meïr an der Rettung des gottverlorenen Mannes. — Was war es denn, so fragen wir, das diesen glänzenden Geist, diesen wahrhaft großen Genius, vom Judentume abfallen ließ?

Elischa selbst erzählt es uns. „Ich sah an einem Sabbat einen Mann einen Baum erklimmen und dort ein Vogelnest grausam plündern; unversehrt glitt er mit seiner jammernden Beute den Baumstamm hinab; am selben Abende nach Sabbatausgang sah ich wieder einen Mann, der wollte einem Vogelneste die Küchlein entnehmen; getreulich erfüllte er das Gebot der Thorah und ließ die Mutter dem Nest entflattern; eben wollte er sich entfernen, als ihn eine giftige Schlange zu Tode biß. — Bei diesem Anblick ging die Wandlung in mir vor; dies ist, so dachte ich, der Lohn der Frömmigkeit! und fortan verachtete ich die Thorah und ihr Gesetz". Nach geraumer Zeit wurde Rabbi Meïr gemeldet, Elischa sei sterbenskrank. Der edle Mann ging zu seinem Lehrer und versuchte zum letztenmale vor dessen Tode, ihn zu Buße und Umkehr zu bewegen. „Du verzweifelst an Gottes Güte und Gerechtigkeit. Nur deine Kurzsichtigkeit kann das nächtige Dunkel der Vorsehung nicht durchdringen, wenn der Morgen taghell leuchtet, dann wirst du alles begreifen, wirst die Allmacht Gottes erkennen; wenn die Güte טוב, wenn die Allgüte Gottes dir den Zweifel nicht löst, dann wird der Einzige und Ewige אין, den du in Welt und Natur erblickst, ihn lösen und dich erlösen. Da wandte Elischah weinend sein Antlitz ab und war verschieden. Diese Thränen in der Sterbestunde waren dem Rabbi Meïr ein Beweis, daß Elischa mit Gott im Herzen gestorben sei. —

Diese Erzählung aus alter Zeit wiederholt sich im gewissen Sinne oft genug, und solche Szenen spielen sich vor unserem Auge ab. Es leben Elischa-Gestalten, die zu Acher geworden sind, es leben Gestalten wie Meïr, die mit heißem Bemühen bestrebt sind, Abfallende und Abgefallene zu Gott zurückzuführen.

Auch unsere Zeit ist reich an Wissen und Erkenntnis, die Lehren des heidnischen Altertums und der in vielen Dingen heidnischen Neuzeit sind uns dank der Freiheit zugänglich geworden. Zum großen Teile saßen die jetzigen Geistesgrößen jüdischer Abstammung auf diesem Gebiete, so wie auch die Größen auf dem Gebiete des Handels und des Geldmarktes zu Füßen frommer und gelehrter Männer. Ohne Frage haben sie ihr Emporkommen unbewußt dem Talente der frommen Ahnen und Lehrer zu verdanken, ohne es zu gestehen sind alle, die auf den profanen Wissensgebieten und im öffentlichen Leben es zu Ruf, Rang und Stellung gebracht haben, durch ihren jüdischen Geist und Kopf zu dem geworden, was sie sind. Vor unseren Augen vollzieht sich das traurige Schauspiel, daß sie undankbar und unedel zugleich ihr Judentum leugnen und jeglicher zu einem A ch e r werden. Ja, wenn nur all' die Gesetzesverächter und Thoraleugner aus Wissenschaft und Philosophie zu Achers geworden wären, es wäre noch einigermaßen verzeihlich. Zu sehr ist der Wissende zum Zweifel und Leugnen geneigt, um so mehr, je mehr er sich sonst durch wirkliche Menschlichkeit und Tugend ausgezeichnet glaubt. Für diese besteht die nahe Gefahr, an Gott und Glaube irre zu werden, wenn sie vielleicht manchmal sehen, wie Scheinheiligkeit und Frömmelei, Lippendienst und Heucheln mit Mangel an wirklicher Tugend gepaart sind. Welches aber war der unmittelbare Anlaß zu Achers Abfall? nach seinem eigenen Zeugnis war es nicht seine Philosophie und nicht sein Wissen, nicht die Bildung, nicht die Kenntnis, es war vielmehr die bekannte Geschichte mit dem Vogelneste, die ihn zum Gottesleugner machte.

Dieser unmaßgebliche Anlaß also, in welchem jeder Vernünftige ein Unglück erblickt hätte, das mit Gottes Wesen und Allmacht nichts zu thun hat, dieses so kleinliche Begebnis, war es, das aus einem Elischa einen Acher machte. Darin liegt eine tiefe Weisheit. Es sind Alltäglichkeiten und Nichtigkeiten, lustige Beweggründe, welche die Massen von Gott und Thorah abdrängen. Das ist nicht die Art der wahrhaften Bildung, das ist die Schwäche des Charakters und Haltlosigkeit der Person, das ist Ergebnis unverarbeiteter Erkenntnis, Wankelmut und Kleinlichkeit, wohlfeile Zweifelsucht. Die wahrhaftige Bildung handelt wie Meïr. Mancher Acher hat in seiner Sterbestunde mit thränenüberströmtem Antlitze in das glaubensstarke Auge eines Meïr geblickt und die Worte vernommen: „Warte nur, bis die Nacht vorüber ist, wenn der Morgen naht, dann wird er der Einzige und Wahre Dich erlösen und in letzter Stunde wirst wiederum ein Anderer und stirbst mit dem inbrünstigen Bekenntnis „Gott ist einzig".

II.

Elischa ward begraben. Meïr trauerte um seinen heißgeliebten Lehrer, von dessen Umkehr er überzeugt war, er allein, sonst niemand. Niemand widmete dem Manne, der öffentlich Gott und die Thora geleugnet hatte, ein

Wort der Erinnerung, kein Stein bezeichnete sein Grab, keine Thräne wurde ihm irgendwo nachgeweint. Da plötzlich wurde dem frommen Meïr eine schreckliche Botschaft überbracht: auf Elischas Grab brennt eine düstere Flamme. Mit unsäglichem Schrecken hört dies Meïr, und bekümmerten Gemütes verbrachte er traurig den Tag. Am Abende, als dunkles Gewölk vom Himmel sich niederließ, und die Sonne zur Rüste ging, da nahm er seinen Mantel. Zitternden Schrittes ging er zum Gottesacker. Noch war er entfernt von dem ernst schauerlichen Orte, als er auf einem Grabe ein unstetes, rastloses Irrlicht flimmern sah. Heftig pochte sein gequältes Herz, doch glaubensinnig, wie er war, stärkte er sich durch den Gedanken an Gott. Sicheren Schrittes betritt er nun den Gottesacker, eilt zu Elischas Grab, denn dieses war es, auf dem die unheilige Flamme flackerte, eilends reißt er den Mantel von seiner Schulter, wirft ihn über Grab und Flamme, läßt sich zu Boden nieder und spricht das Wort: "o harre aus, ruhe diese Nacht, wenn der Morgen kommt, wird dich der Allgütige erlösen, wenn nicht, dann erlöset dich der Einzige und Wahre, so wahr Gott lebt"!

Welch' tiefsinnige und rätselhafte Erzählung, welche wundersame Anwendung eines einfachen Ausspruches eines schlichten Mannes. Ein ernster Versuch, in dieses geheimnisvolle Dunkel einzudringen, wird wohl gelingen. Wie gewaltig wächst über die gewiß mächtige Erscheinung Elischas Meïr hinaus! Wie ergreifend ist die Szene! Der Schüler, der dem Meister an Wissen gleicht und ihn an Tugend überragt, auf dem Grabe des von Zweifeln getöteten Lehrers! Welche Milde, welche Zuversicht, welcher Glaubensmut spricht aus seinen Worten!

Hier habet Ihr das Bild eines wahrhaften Frommen und Gelehrten, der sich seiner Größe und seiner Schwäche bewußt ist. Ihn treibt sein Wissen nicht zu Treulosigkeit in Glaubensdingen, er wagt es nicht, zu rühren an das Gebäude, das Größere und Stärkere als er, aufgebaut und errichtet haben. Wo er nicht weiß, da glaubt er; und wie weit reicht das Wissen? Keineswegs ist er geneigt, das Heiligste zu entweihen, wie Elischa. Dieser gesteht selbst, am Versöhnungstage und Sabbat die Himmelsstimme vernommen zu haben. Das ist der Fluch falsch verstandener Bildung, die es als Zeichen des Mutes betrachtet, was Tausenden als heilig gilt, zu entweihen. — Die Langmut Gottes überträgt sich auf seine Jünger. Charaktere wie Meïr vernehmen mit Entsetzen, daß auf den Gräbern der Elischas eine Flamme glüht. Sie, die im Leben nicht zur Ruhe gelangt sind, sollen sie auch im Tode nicht rasten können? Allerdings, die Saat, welche auf dem Felde des Unglaubens und der Gottlosigkeit gesät wird, gedeiht; der Funke Unglaube wird auf dem Grabe des Abgefallenen zur Flamme, an der sich kleinere und schwächere Geister entzünden und verbrennen, schwache Herzen von Übermut erglühen, mit Überhebung und Hochmut sich über erhabenste Glaubens- und Tugendsatzungen hinwegsetzen. Das nachgeborene Geschlecht erblickt in dem Feuerschein des Grabes des Elischa den Glorienglanz des Märtyrers für Aufklärung, nimmt jenen als Muster und Beispiel, ohne zu merken, daß die Flamme ein Irrlicht, das Leuchten der Phosphorglanz eines modernden Körpers sei. Der fromme Weise aber sieht anderes und urteilt anders. Meïr hat auch hier ein versöhnendes, lösendes Wort. Er breitet den Mantel der Liebe auch über den, der in seinen Augen ein Sünder war und spricht: „Harre aus diese Nacht". Das Ausharren ist es, das ruhige Verweilen, die Sammlung, die dem wahrhaft Weisen geziemen; das echte und tiefe Wissen urteilt nicht vorschnell über Gott und seine Gebote, der gebildete, das Wissen seiner Zeit beherrschende Jude zumal, in welchem neben der Thorah friedlich die Kenntnis der Natur, der Geschichte, die Erzeugnisse des Geistes verschiedenster Völker wohnen, die Lehrgebäude großer und bewundernswerter Denker und Dichter; der wird all' dies hoch schätzen und würdigen, aber, sich selbst und andere beruhigend, sagen: Wartet ab, bis die Nacht mit ihrem trügerischen Lichterglanze vorüber ist; wartet, bis eure Geister wach und reif sind für die Erkenntnis der Wahrheit, daß Ihr als Juden nicht anders lebensfähig seid, als wenn Ihr nicht gleich Elischa durch ein nichtiges Ereignis aus dem ruhigen Geleise gedrängt werdet; wartet, bis der Morgen naht, bis die Weisheit und Bildung euch ganz erfüllt und Ihr begreifet, daß am Anfang und am Ende aller Dinge das Unerkennbare, Unergründliche, Unbegreifliche stehe! Daß im Entstehen und Werden und Vergehen und Sterben, in Urkeim und Chaos, Wechsel und Ablösung aller Kräfte und Stoffe nur Gottes erhabenes Weben und Wirken zu schauen sei; dann wird derjenige euch erlösen, der sein אני gesprochen hat, vor welchem die Erde und deren Bewohner erzitterten, als er die Grundfesten der Sittlichkeit für ewig bestimmte.

So ist die Stellung des Judentums zu Gott und Thorah unverrückbar und fest, wie der Sinai im Kreise der ihn umgebenden Hügel, die neidvoll zum Gottesberg emporblicken; dies ist die Stellung Israels im Völkerkreise als Lehrmeister aller gläubigen Nationen; so steht es auf der Höhe und nimmt gefangen alle Geister, und selbst Abtrünnige nähern sich dem Gottesthrone. Wir aber müssen trachten, daß unser Schicksal nicht dem Elischa's gleiche, daß auf den Gräbern, die uns einst decken werden, nicht eine unruhige Flamme düster lohe, zeugend, daß hier ein Acher begraben sei, einer, der im Leben dem Glauben der Väter tiefe Kränkung zugefügt, und dessen verderblicher Geist in späteren Geschlechtern fortlebend glüht und sengt. Über den Gräbern unserer frommen Ahnen schwebt der Geist des Glaubens, — Meïrs Mantel ist sanft über alle gebreitet, denn sie hat inniglicher Glaube aus der Gefahr des Abfalls erlöst; möge er auch Euch lösen und die Sonne der Wahrheit den Weg beleuchten, den wir alle gehen, einem nur dem Allwissenden bekannten Endziel entgegen.

XI.

Das Ziel.

4.

ראש השנה

„Mit Weinen kommen sie und unter Flehen bringe ich sie herbei, führe sie zu Wasserbächen auf geradem Wege, auf dem sie nicht straucheln, denn ich bin Israel ein Vater .... höret das Wort des Ewigen, Völker, und meldet in den fernen Inseln: Er, der Israel zerstreut hat, sammelt es und hütet es, wie ein Hirt die Herde. Denn erlöst hat der Ewige Jakob und befreit aus der Hand der Mächtigeren". (Jerem. 31, 8—12).

Diese Worte des Propheten Jeremia, welche wir heute gehört haben, lassen auch in unruhige Herzen Hoffnung und Friede einziehen; spricht sie doch ein tiefempfindender wahrhaft frommer Mann, der sein Volk in Feindesgewalt, sein geliebtes Vaterland verlassen sieht. Wohl fließt ihm die Zähre über das tiefdurchfurchte Antlitz, doch sein Mut ist nicht gebrochen; weiß er doch, daß Gott Israel nicht verläßt. Er sieht die Scharen weinend zusammenströmen, Gott führt sie zu Wasserbächen, zu dem lebenden Quell und nimmer versiegenden Born des starken Glaubens. Dies, so ruft er, verkündet den Völkern: „der Israel zerstreut hat, der sammelt es wieder". Glaubet nicht, daß das Gottesvolk ewig in Gefangenschaft weilt. Der treue Hirt sammelt seine Herde und bringt sie zurück auf heimatliche Flur. Dieses Wort des Propheten wird uns nicht ohne Absicht an diesem großen Tage verkündet; tief ergreifen uns gerade an ihm die Worte: "Es ist eine Hoff=

mung für deine Zukunft, es kehren zurück die Kinder in ihr Gebiet". Tage der Umkehr und Einkehr sind es, die wir begehen, und bald ruft der Schofar Herzen und Geister wach. Umkehr und Hoffnung verlangt und verspricht auch der Prophet; er warnt vor Kleinmut und Verzweiflung, welche die Erfüllung hoher Aufgaben in Frage ziehen. Es ist wohl war, daß wir nicht am Ziele, sondern auf der Wanderung sind, die heilige Lehre aber hat uns bis in die Gegenwart geleitet, und heute stehen wir vor Gott und beugen uns vor ihm in Dank und Ehrfurcht. Darum lasset uns in dieser Stunde uns mit dem Gedanken be= schäftigen: wie bekunden wir im Hinblicke auf die Ge= schichte unseres Volkes auch gegenwärtig unseren Glauben? Wir wollen uns dabei leiten lassen von den Worten der Schrift, welche lauten: ונשתחוה ונשובה אליכם "Wir wollen uns bücken und zu euch zurückkehren". (Genes. 22, 5.)

1.

ונשתחוה

"Wir wollen uns beugen", diese Worte sind jenem wundersam rätselhaften Ereignis aus der Geschichte unseres Stammvaters entnommen, das nicht umsonst einen Mittel= punkt in den Betrachtungen dieses hohen Festes bildet. Der Ewige ruft seinen frommen Knecht und spricht: "Gehe hin in das Land Moriah, auf einen der Berge, den ich dir zeigen werde"; was dort geschehen sollte, wissen wir. Isak sollte geopfert werden. Unbekannt ist dem schwer ge= prüften Vater die Stätte, geheimnisvoll sagt ihm der Befehl: "geh dort hin, wohin ich dir sagen werde". Warum ver= heimlicht Gott dem Abraham das Ziel der Reise, läßt ihn im Unklaren über die Zukunft, er weiß und kennt nur die gräßliche Forderung: nimm deinen Sohn, den einzigen, den du liebst, den Isak, und bringe ihn mir zum Opfer dar; sonst ist ihm nichts bekannt. Wohl mag der gött= liche Mann geahnt haben, daß dies nicht der endgültige Wille des gütigen Himmelsvaters sein und bleiben könne.

Ohne Zaudern und Zagen rüstet der Greis zur Fahrt nach dem unbekannten Ort. Warum offenbarte, so fragen die Weisen, der Herr dem Abraham nicht das Endziel? Um ihn, so lautet die Antwort, mit Sehnsucht zu erfüllen, an die Entscheidung zu gelangen und ihn für jedes gesprochene fromme Wort, für jeglichen Schritt und jede That zu entlohnen. Weiß er doch, daß er nach Moriah zieht, an den Ort, von dem, so deuten die Weisen, in ferner Zukunft die Weltbelehrung ausgehen, die Gottesverehrung in alle Welt dringen, das hellstrahlende Licht des echten Glaubens hinausleuchten sollte in alle Zeiten und Räume. Ist es doch dasselbe Moriah, auf dem das Heiligtum des Ewigen erstand. Ergriffen von diesem ahnenden Gefühl schreitet unser Vater unerschrocken voran und spricht zu seiner ahnungslosen Begleitung im Tone felsenfester Überzeugung: „Wir, ich und mein Sohn, wollen uns beugen". Ich weiß es, dies wird wohl der Wille des Ewigen sein und nichts anderes. Und diesem Beugen vor Gott, so sagen die Weisen, hat die Welt und hat Israel die einstige Erlösung zu danken. — Ein ähnliches Bild schildert uns auch der Prophetenabschnitt des gestrigen Tages. Hier ist es ein Vater, gestern war es eine Mutter mit dem Sohne, die wir bewundernd erblickten. Betend stehen Chanah und Elkanah im Heiligtume. Ihr wird von dem Priester die trostreiche Antwort zu teil: zieh' hin in Frieden, der Gott Israels wird dir deine Bitte gewähren. Ihr unbedingtes Gottvertrauen verlangt kein weiteres Zeichen. In Gedanken weiht sie das Kind dem Höchsten. Beide, Mann und Weib, beeilen sich schon jetzt, dem Schöpfer innigen Dank auszusprechen, und früh am Morgen beugen sie sich vor Gott.

Dieses Doppelbild ist uns Symbol und Beispiel. Nicht der Einzelne und nicht das Volk, nicht wir und nicht die Menschheit, kennen das Ziel, das Ende, die Zukunft. Alle aber sind zum Opfer aufgerufen, oft genug zur Opferung teuersten Gutes umwillen höherer Güter, die dem Ganzen gelten. So war es bei unserer Berufung zum Volk; auch da erging an uns der Befehl, an den Berg zu gehen, den Gott uns zeigen würde, er war uns unbekannt und fremd. Dennoch rüsteten wir uns früh zur schweren Fahrt, war es doch ein Moriah, das uns winkte. Kannten wir auch nicht die ganze Gewalt und Größe des Glaubensgebändes, so wußten wir doch, daß wir an den Ort gelangen sollten, von dem aus die Weltbelehrung erging, die Gottesverehrung entsproß, das glühende und unverlöschliche Licht der Wahrheit leuchtete. Und eben deshalb ward uns jeder Schritt belohnt, jeder Gehorsam liebevoll entgolten, jede Ergebung in Gottes Willen, jede Fügung in sein Schicksal, jedes Opfer, das ihm gebracht, jede schmerzvolle Stunde, die ihm geweiht war, jedes heilige Leben, das ihm sich verschrieb, reichlich und überreichlich bezahlt; weil wir vor Gott uns gebeugt in der Jugend unseres Daseins, ohne zu wissen, welches das Ziel, nur dessen bewußt, daß wir viel, vieles zu opfern haben würden, um nach Moriah zu gelangen. So aber ist es auch mit jedem Einzelnen, der niemals wissen kann, wie und wann er sein Ziel erreicht. Sollten wir uns dann erst beugen vor Gott, wenn wir das Rätsel der Zukunft gelöst, den geheimnisvollen Schleier des Schicksals gelüftet haben? Schwebt nicht Jedem sein Moriah vor Augen? sein Ideal von Glück und Zufriedenheit? Fordert das Leben nicht von jeglichem zunächst Opfer, schwere von dem einen und noch schwerere von dem anderen? Dürfen wir darum zögern, uns jetzt schon ehrfurchtsvoll zu beugen? Zwingt uns nicht jedes Ereignis in Welt und Natur Ehrfurcht ab? Beugen wir uns nicht im Angesichte gewaltiger, geheimnisvoller Kräfte, die unaufhaltsam wirken? Beugt nicht der größten Geister Haupt sich vor dem Unnennbaren und Unerkennbaren? Dies Beugen vor Gott bringt der Menschheit Erlösung. Wenn die ganze Welt erfüllt sein wird von wahrem Glauben, und alle Menschen nach einem und demselben Moriah das

Auge erheben, dann hat die Stunde der Erlösung für alle
geschlagen, und opferbereit bringen sie ihr Kostbarstes dar
im Dienste Gottes und der Wohlfahrt ihrer Brüder.

II.

ונשובה אליכם

"Und wir kehren zu euch zurück". Wir beide, sagte
Abraham, ich und mein Sohn, kehren zurück. Welche
Zuversicht und Gewißheit spricht aus diesen Worten!
Abraham wußte doch, daß der Ewige die Opferung
Isaks von ihm gefordert hatte. Wie konnte er seinen
Begleitern die Rückkunft versichern? Oder sagte ihm viel=
leicht eine innere Stimme, daß Gott nur seinen Opfermut,
seine Glaubenstreue auf die Probe stellen wollte? Sah er
etwa mit Prophetenblick voraus, daß Gott in seiner Liebe
einem Vater sein einziges, geliebtes Kind nicht rauben
werde?

Der Ewige, so sagen die Weisen, verkündete unserem
Stammvater, daß er, nachdem er sich in Ergebenheit und
Ehrfurcht vor ihm gebeugt habe, unversehrt und in Frieden
von Moriah zurückkehren werde. Wohin kehrte er zurück?
In sein frommes, stilles, geweihtes Haus, wo Friede
waltete und Hoheit wohnte. Ungebrochen an Glaubenskraft
kehrt er heim, trotzt nicht dem Herrn, der ihn so hart
geprüft, hadert nicht mit der Vorsehung, die ihm so schwere
Stunden bereitet hat Nun weiß er, daß, wenn auch Gottes
Pläne ihm verborgen waren, er sich in Zukunft getrost
seiner Führung anvertrauen dürfe. Er hat das Schicksal
seines Sohnes und damit die Geschicke seines Volkes
erkannt und verstanden.

Und sind nicht wir während unseres Ganges durch
die Geschichte oft genug nach schweren Zeiten ungebrochen
und unversehrt an Glaubenskraft zurückgekehrt von großen
Gefahren? Haben nicht unsre Ahnen unzählige Male, wenn
Gott von ihnen Opfer forderte, sie freudig gebracht, ohne

zu wissen, ob sie wohlgefällig aufgenommen würden? „Wir kehren zurück", riefen Väter und Mütter den Kindern zu, wenn sie hinauszogen in den heiligen Kampf des Glaubens, „wir kehren zurück", riefen die ersterbenden Stimmen der Gequälten und Gepeinigten aus Feuerflammen und Wasserfluten, „wir kehren zurück", beteuerten Tausende unter Geiselschlägen und Schwerterstreichen; „wir kehren zurück", riefen Kinder den Eltern zu, wenn sie das Vaterhaus verließen, um in gefahrerfüllter Welt sich Rang und Stellung zu erringen. „Wir kehren zurück", rief Israel, als es in Gefangenschaft zog, denn eine innere, untrügliche Stimme sagt uns, daß Gott uns nicht verläßt.

Und wenn die Menschheit in ihrem Werdegange einem in weiter, weiter Ferne winkenden Moriah zustrebt, dann spricht auch sie „wir kehren zurück, o Gott, in Deine Vaterarme". Unser Streben nach Glück und Vollendung entfremdet uns dem Glauben nicht; der harte Kampf macht uns nicht fühllos für die Heilsbotschaft der Religion. Wir sehen den Ort, von dem die weltbeglückende Wahrheit ausgeht und sind bestrebt, ihn zu erreichen, von dem ausstrahlt das Licht der Liebe und der Gnade, doch ungeblendet beugen wir uns vor Gott und kehren zurück.

Und wir sollen uns in dieser ernsten Stunde nicht vor dem Herrn der Welt beugen, nicht folgen dem Beispiele Abrahams, Chanahs und Elkanahs? Auch wir rufen stark und glaubensinnig „wir wollen uns beugen und zurückkehren", beugen vor der Majestät des Schöpfers, der uns nach Moriah bringen wird, uns und die ganze Menschheit; wir kehren zurück, thun Buße und bekennen, daß wir oft gefehlt, oft gestrauchelt; kennen wir am ersten Tage des Jahres unsre Zukunft nicht, so wissen wir doch, daß der Herr uns nicht verläßt und wir gerettet in seine ausgebreiteten Vaterarme heimkehren. Zuversichtlich blicken wir zu Ihm empor, der heimführt die Zerstreuten, wie ein Hirt die Herde und Jakob erlöset und befreit aus der Hand der Mächtigeren: השיבני ה' אליך ונשובה׳

XII.
Das Ziel.

5.

סוכת א׳ :

ביום ההוא אקים את סכת דויד הנפלת וכו׳

„An selbigem Tage werde ich aufrichten die Hütte Davids, die verfallene; ich verzäune ihre Risse, richte auf ihre Trümmer und erbaue sie, wie in alten Tagen". (Amos 9, 11).

Diesen, Zuversicht und Mut atmenden Satz hat vor Tausenden von Jahren der große, düstere Prophet Amos gesprochen. Er lebte zu einer Zeit, in der beide Reiche sich eines Wohlstandes und einer Macht erfreuten, wie lange nicht vordem. Um so drückender und beunruhigender wirkten seine durchaus im ernstesten Strafpredigttone gehaltenen Reden. Das allgemeine Wohlergehen hatte nämlich damals, wie oft und fast überall, Üppigkeit, Ausschweifung, sittliche Verkommenheit, Rechtlosigkeit und Rechtsverdrehung zur Folge. Gegen diese wandte sich der gottbegeisterte Hirte aus Tekoah und prophezeite Unheil, Unglück und Untergang.

Gleichzeitig aber eröffnete sich dem Auge des Sehers eine goldene Zukunft. Wie jeder Fromme und Strenggläubige vertraut auch er der göttlichen Fürsorge, die sich oft an Israel bewährt hat. Trotz der für ihn trostlosen Gegenwart offenbart sich ihm eine herrliche Zukunft.

Im Hinblick auf diese spricht er den Gedanken aus: „Am selbigen Tage werde ich aufrichten die Hütte Davids, die verfallene". Ohne Frage bezieht sich dieser Satz auf die Zeit des Messias. Deshalb finden wir ihn auch in unserem täglichen Gebete am Sukkothfeste an der Stelle, wo wir um baldige Ankunft des Gottgesalbten beten. — Wenn noch so viele Hindernisse sich der Erreichung dieses Ziels für uns und unsre Menschenbrüder entgegentürmen, schauen doch alle hoffnungsvoll ihm entgegen.

Gerade aus diesem Satze des Amos schließen ja die Talmudweisen, daß der messianischen Zeit eine Zeit allgemeinen Umsturzes und chaotischer Verwirrung, furchtbarer Kämpfe und Kriege vorausgehen müsse. Der משיח ist ein בן פרץ. Dieses Ereignis soll ja eine Neuschaffung des Menschengeistes sein, und jeder Schöpfung geht eine innere und äußere Umwälzung voraus. Nichtsdestoweniger ist Amos der Ankunft des Messias sicher; und auch unsere Weisen befehlen uns im Gefühle dieser Sicherheit, von der wiederzuerrichtenden, eingestürzten Davidshütte zu sprechen und zu hoffen, das ideale Ziel, Messias, vor Augen zu haben an diesem Feste der Freude.

Lasset uns also heute darüber nachdenken, wer sich durch werkthätige Arbeit an der Herbeiführung dieses Zieles und der Verwirklichung unserer Ideale zu beteiligen hat; wir wollen uns dabei leiten lassen von dem Worte der heiligen Schrift: הקהל את העם „Sammle das Volk" (Deuter. 31, 12).

I.

הקהל את העם

„Sammle das Volk"!

Welches war der Zweck der Versammlung, von der hier die Rede ist? Die heilige Schrift befiehlt an dieser Stelle, daß in jedem Schemittahjahre am Sukkothfeste sich ganz Israel versammeln solle, um das göttliche Wort zu vernehmen. Es muß ein erhebendes Schauspiel gewesen sein, die Hunderttausende mit gespannter Aufmerksamkeit dem Vortrage lauschend folgen zu sehen; dieses Schauspiel wird uns im Talmud lebhaft geschildert, die heiligen Schriften führen Beispiele aus der Zeit der Könige und später an, wo dieser Befehl ausgeführt wurde.

Alle waren versammelt, niemand sollte fehlen. Das Volk in seiner Gesamtheit und Größe mußte erscheinen, um die Belehrung aus dem Munde des Hohenpriesters oder Königs zu empfangen. Der heiligste Inhalt der Thorah wurde gelesen, die erhabensten, edelsten Tugend- und Glaubenslehren des Judentums, um so die, dem Wankelmut und der Irrlehre so leicht preisgegebene und folgende Masse, zu stärken, sie rüstig und gerüstet zu machen, der Lösung ihrer Aufgabe und dem von Gott verheißenen Ziele unentwegt entgegenzustreben. Versammle das Volk! Nachdem in dem Begriffe Volk alle ausnahmslos eingeschlossen erscheinen, muß es uns auffallen, wenn unmittelbar an diese gemeinsame Aufforderung sich eine Aufzählung der Teilnehmer schließt, die völlig überflüssig erscheint, nämlich: die Männer, Frauen, Kinder, die Fremdlinge in den Thoren, damit sie hören, lernen und fürchten Euren Gott! Das fiel auch den geistreichen Erklärern auf und sie sagen: die Männer kommen, um zu lernen, die Frauen, um zu hören; und die Kinder, damit diejenigen den Lohn empfangen, welche sie in Gottes Nähe gebracht haben; ausgeschlossen sind alle, welche taub sind auf einem Ohre, die Schwerhörigen; alle, die zwar reden, aber nicht hören, hören, doch nicht sprechen können; alle Blinden und Lahmen. Es war also eine vollsinnige, lebenskräftige Versammlung, zu der am Sukkothfeste alles vor Gott erschien.

Die Aufforderung: „Sammle das Volk" ergeht auch an uns, an alle Bekenner des Judentums unserer Zeit in verstärktem, gesteigertem Maße. Die Sammlung aller zu gemeinschaftlichem Wirken an Gottes Werk ist eine heilige, große Pflicht.

Keinem reifen, ernsten und ehrlichen Beobachter der Zeitgeschichte und Zeitentwicklung entgeht die unleugbare Thatsache, daß wir nicht in einer glücklichen Messiaszeit, vielmehr in einer Epoche stürmischer Bewegung und brodelnder Gährung leben, einer Unsicherheit und Rastlosigkeit auf allen Gebieten menschlichen Lebens, wie auch auf dem geweihten Boden der Religion und des Glaubens. Allenthalben ist ein Wanken der Begriffe und Vorstellungen über Wahres und Falsches, Schönes und Häßliches, Glück und Unglück, Mein und Dein, ein haltloses Taumeln von Wunsch zu Wunsch, von Begehren zu Begehren erkennbar. Nicht die abgeklärte Ruhe einer auf tiefer Erkenntnis der Wahrheit und des Bedürfnisses ruhenden Überzeugung leitet die Geister und treibt die Herzen, sondern die leidenschaftliche, heiße, ziellos treibende, ungezügelte Kraft des Instinkts, diktiert von dem Streben eigensüchtiger Selbstbeförderung und unbedingter Durchführung selbst unberechtigter Forderungen; nicht die Frage nach dem Wohle der Gesamtheit leitet die meisten Handlungen, sondern die allerdings furchtbare Sorge, die rücksichtslose Sorge für eigenen Vorteil und Nutzen, der gleichgültig dem Schaden, oft dem Untergang des Bruders, des Bruderstaates, Brudervolkes, Bruderglaubens zusieht und ihn bedingt. In dieser Zeit ergeht der Ruf: „Sammle das Volk"! Dieser Zuruf allein genügt nicht. Jeder fühlt sich nur für sich berufen und auserwählt; der Ruf ergeht an bestimmte Persönlichkeiten. Versammelt Euch, Männer, Frauen, Kinder, Fremdlinge in unseren Thoren! Sammelt Euch zunächst um die Fahne unseres Glaubens; die waffenfähige Mannschaft, die wirklichen Männer, die den Mut und die Kraft und das Wissen besitzen, einzustehen für die heilige Lehre. Diese Männer aber müssen beherzt sein, dürfen nicht bei erster Gelegenheit Gott und Glauben leugnen und schnöde verraten. — Die Frauen auch, denn für uns Juden ist es keine Frage, daß an dem Aufbau des Glaubens- und Glücksgebäudes die Frauen gleichen Anteil haben wie die Männer; in unserer Gemeinschaft wie in unserem Hause hat das Weib eine hervorragende Stellung und Aufgabe. Gleich beim Empfange des Gesetzes erging der Ruf nicht nur an die Männer Israels, sondern auch an die jüdischen Frauen יעקב בית. Sie bilden ein unentbehrliches Glied der Glaubensvereinigung, ihnen fällt durch Gott und Natur ein großer Teil der Belebung und Erhaltung des Menschen wie des Judentums zu. Unsere Frauen und Mütter sind die sittlichen Stützen der jüdischen Gesellschaft.

Und die Kinder! Vergesset sie nicht, auch sie müssen in die Versammlung kommen, von selbst thun sie es nicht; ihr müsset sie bringen, führen, leiten und wenn dies nicht genügt, sie zwingen — zwingen, in der göttlichen Versammlung zu erscheinen, die Lehre zu vernehmen, die Kinderlehre; der Lohn dafür wird Euch zu teil; denn alles, was in Kinder gepflanzt wird, sprießt für Eltern empor. Männern, Frauen, Kindern, allen muß es vornehmste Aufgabe sein, bei allem, was sie thun, zu allernächst an die Aufgabe zu denken, die sie als Juden haben. Sammelt auch die „Fremdlinge im eigenen Thore"; lasset auch die vor Gott erscheinen, die sich uns entfremdet haben, Verführte und Verführer, durch Schuld, Verirrung, Überhebung, Verblendung. — Ausgeschlossen sind von der Versammlung Gottes diejenigen, die nicht hören, nicht sehen und nichts lernen wollen, die blind sind für die strahlende Schönheit unserer Thorah, taub für ihr köstliches Wort; die lahm sind und auf hinkendem Fuße überzeugungslos, haltlos, gewissenlos, oft unsittlich und flatterhaft in die öde Wüstenei der Hoffarth, der Eigensucht und des Eigendünkels taumeln. — Darum: Wenn wir ans Ziel gelangen wollen, sammelt Euch alle, Männer, Frauen, Kinder, sammelt Euch!

II.

הַקְהֵל אֶת הָעָם

„Sammle das Volk"!

Gleichwie alle Bekenner unseres Glaubens, mit Ausnahme derjenigen, welche taub, blind und lahm für ihn sind, verpflichtet sind, sich zu versammeln, so haben auch alle gleichen Anteil an den Segnungen, die er, wenn erfüllt und geheiligt, jedem gewährt. Dies drückt die Heilige Schrift deutlich ebenfalls beim Gebote des Sukkothfestes aus, indem sie sagt: „Freue Dich an deinem Feste, du, dein Sohn, deine Tochter, dein Knecht, deine Magd, der Levite, der Fremde, Waise und Witwe.

Die Einzelaufforderung „freue Dich" würde genügen, ganz wie jenes „Sammle", denn sie ergeht ja an jede Person; und doch sieht sich die Schrift genötigt, dem Allgemeinen das Besondere folgen zu lassen — alle, ausnahmslos sollen Festgenossen sein!

Bedürfen wir Juden also, so frage ich, erst neuerdings entdeckter und mit unbeschreiblicher Überhebung und Überschätzung hinausposaunter Heilslehre gleicher Berechtigung aller, welche ihre Aufgabe in der menschlichen Gesellschaft getreulich erfüllen? Allerdings ist ein tiefgehender Unterschied zu merken. Während wir in weiten Kreisen und Schichten unsrer Zeit oft genug von Rechten sprechen hören, gewährt die Heilige Schrift einzig und allein dem die Wohlthat des Rechts, der die Pflicht erfüllt; sie fordert mit unerbittlicher Strenge, weil sie unendlich milde ist, daß allen, die ihrer Pflicht genügen, der Lohn in vollem Maße zuteil werde. Erscheinen die Männer, Frauen und Kinder in der Versammlung, kennen sie ihre Aufgabe und arbeiten sie redlich mit, dann müssen sie auch Anteil an der Festesfreude haben.

Du darfst nicht eigensüchtig und mißgünstig dir allein Freude bereiten; nein du, dein Weib, denn das bist du, das ist dein zweites Ich, und deshalb fehlt es in der

Aufzählung; dein Sohn, deine Tochter, Knecht, Magd, Fremdling, arme Leviten, Witwen, Waisen, alle sollen sich mit dir freuen. Giebt es eine herrlichere Lehre, kann ein Gesetz liebevoller sein? Müßte nicht bei gewissenhafter Befolgung dieser edlen Gesetze, die den ganzen Thorahgeist kennzeichnen, von welchem wahrhaft jüdisches Leben durchweht ist, müßte nicht das Ideal der Beglückung aller viel näher sein, als es in Wirklichkeit ist? Der Ruf: הקהל wird oft ebenso überhört wie der Zuruf: ושמחת! Letzterem folgt der Mensch für sich bereitwillig. Jeder ist bestrebt, sich möglichst Freude zu bereiten, und das ist natürlich; wenn auch dieses Streben sich häufig auf die nächste Familie erstreckt, so bleibt doch häufig genug der arme Levit, die Witwe und Waise unbedacht. Dies aber kann nie geschehen, wenn das „Sammle" gewissenhaft erfüllt wird, wo Männer und Frauen in göttlicher Berufserfüllung sich zusammenfinden und auch ihre Kinder mitbringen und sie frühzeitig unterweisen in Tugend und Menschlichkeit. — —

Diese Berufung und Sammlung aller drückt auch symbolisch der Pflanzenstrauß aus, den wir an diesem Feste in Händen halten und von dem es heißt, daß wir mit ihm in der Hand uns sieben Tage vor Gott freuen sollen. Es ist eine schöne Vereinigung verschiedenster Elemente, die dieser Pflanzenbund uns darstellt. Die Palme ist das Sinnbild des Mannes, der unbeugsam und fest, markig und unerschütterlich, aufrecht steht in des Lebens Stürmen, des jüdischen Mannes zumal, der mit ungekrümmtem Rücken ungebeugt seinen Glauben und seine Überzeugung vor aller Welt bekennt, der allen Wettern trotzt und mit seinem Judentum, das sein Wesen, sein Charakter ist, lebt und stirbt, bis in spätes Lebensalter mit frischer Kraft seinem Gotte dient, nicht fremden Göttern, seinen Bruder fördert, seine Großen ehrt, nicht fremde Größen, seinen Gelehrten und Geistesfürsten huldigt, nicht fremden, seine Führer und Lehrer würdigt und schätzt!

Die Myrthe ist des Weibes Bild und der Jungfrau Symbol. Mild und besänftigend, wie der Myrthe Öl, wirkt der Mutter gutes Wort, und es gleicht dem Blatte der Myrthe das Mutterauge, das sorgsam wacht über der Kinder Wohl und Gedeihen. Sie ist es, die im Verein mit dem stärkeren Manne dem Hause vorsteht und zusieht, daß nichts Entwürdigendes, Entweihendes ihm nahe; sie verbreitet den Duft und Geist wahrer, tiefer Frömmigkeit, jener adeligen Tugend, die echte, jüdische Frauen seit jeher geziert hat, an denen ob dieser nichts Niedriges und Gemeines haftet, nichts Rohes und Verletzendes wahrzunehmen ist.

Die Weide ist das Sinnbild des Kindes. Sie gedeiht nur am Bache, am erfrischenden Wasser; fehlt es ihr nur einen Tag, sie welkt und verdorrt. Ebenso die zarten Kinder, die ohne das Erquickende der Elternliebe welken und siechen, die jüdischen Kinder, die frühzeitigen Tod sterben, weil ihnen die göttliche Lehre fehlt, und die Mütter und Väter selbst nicht mehr zu schöpfen verstehen aus der sprudelnden Quelle. Noch im Elternhause dürsten sie vergeblich nach dem Labetrunk; haltlos entfällt den bedauernswerten Vätern und Müttern die stärkste Stütze der Erziehung — der Glaube.

Die drei zusammen aber, umschlossen von einem Bande unbedingten Gottvertrauens, wie die drei Pflanzenarten vom Palmblattringe, sie sind die Grundlage jüdischer und menschlicher Gesellschaft, ein friedlicher Dreibund, auf Gott gebaut; Vater, Mutter und Kind, die einzige Dreiheit, die eine Einheit ist.

Und dazu komme die herrliche Frucht, die wir in der Linken halten. Das ist der dem Glauben durch Verirrung Entfremdete, zwar ausgestattet mit glänzenden, äußeren Eigenschaften, bekleidet mit prächtigem Gewand, aber schwer findet er sich zum Ganzen. Wir bemühen uns, auch diese zu nähern, damit sich alle wiederfinden in einer, sie umschließenden Hand — ein Bündnis schließen — fest und ewig.

So lehren uns Fest und Festesbrauch verstehen den Zuruf: הקבץ. „Sammle"! Er ergeht an Euch, Brüder, Schwestern, Väter, Mütter, Kinder in Israel; sammelt Euch und kommet, das Gotteswort zu hören, zu lernen, zu üben — dann wird die Festesfreude eine gleiche sein für uns alle, Mann, Weib, Magd, Knecht, für arm und reich.

Sammle das Volk! Der Ruf ergeht an die Menschheit, die auseinanderstrebt, deren Ideal aber doch nur erreicht werden kann, wenn alle sich zusammenschließen, jeder in seinem Kreise nach seiner Weise das Beste für das Ganze leistend und opfernd. Dann werden unsre Glaubensbrüder ihre Pflicht erkennen, daß sie alle gemeinsam die Erreichung des Hochziels anzustreben haben; werden wir aber selbst in dieser Zeit nicht verzagen und treulos von Gott und Glauben lassen. Wir werden arbeiten und hoffen, daß die Davidshütte, die verfallene, wieder neu und für ewig aufgebaut wird, so daß sich erfüllt des Propheten Amos Wort, und die Messiasstunde für Israel und die Welt sich mächtig und weltdurchtönend ankündigt, von der es heißt: כי בא אלהים את כבד יי׳ Dann wird für Zion und die Menschheit der Erlöser gekommen sein.

XIII.

Das Ziel.

6.

שמ"ע.

ידעתי כי כל אשר יעשה האלוקים הוא יהיה לעולם עליו אין
להוסיף וממנו אין לגרוע והאלוקים עשה שייראו מלפניו.

„Ich habe erkannt, daß alles, was Gott macht, ewig so sein wird;
dazu ist nichts hinzuzufügen und davon nichts wegzunehmen — und
Gott hat dies gethan, auf daß man Ehrfurcht vor Ihm empfinde".
(Kohel. 3, 14).

Heute haben wir das Buch Koheleth gelesen und darin
diesen soeben gehörten tiefsinnigen Satz. Wir dürfen der
ganzen Natur des Werkes und des Verfassers nach nicht
vermuten, daß dieser Gedanke ein leichthin gesprochener sei;
wir dürfen keinen Augenblick zweifeln, daß er das Ergeb=
nis einer sorgsam forschenden, tiefgründigen Beobachtung
menschlichen Könnens und Wirkens darstellt. Die Grenze
menschlichen Strebens ist hier scharf gezogen. Und wir
haben es nicht mit einem schwächlichen Frömmler zu thun,
der seine Ohnmacht und Geistesschwäche hinter schein=
heiliger Gottergebenheit zu verbergen trachtet, sondern mit
einem himmelstürmenden Geisteshelden, der alles Erkenn=
bare und Unerkannte begreifen, alle Rätsel der Schöpfung,
des Lebens, der Welt lösen, alle Geheimnisse des Ent=
stehens, der Entwicklung, des Vergehens enthüllen möchte.
Um so überzeugender muß sein Ausspruch auf uns wirken.
Wir nehmen ihn aber trotzdem auch von einem Koheleth

nicht ungeprüft hin, wenn die Menschheit, die w i r kennen, ihre Entwicklung n a ch Koheleth ihn nicht ungeschwächt bestätigt. Jedoch die Bestätigung fehlt uns nicht. Vieles, was für unerkennbar und unerklärlich gegolten hat, ist zwar in bewundernswerter Weise erkannt und erklärt worden. Mächtige Geister haben in das Geäder und Geräder der Natur mit rücksichtsloser Hand hineingegriffen, erfunden, entdeckt, enthüllt, durchschaut — und dennoch kehren eben diese großen Geister, und nur sie, von ihrem Forschergange mit der durchaus nicht demütigenden Überzeugung zurück, daß es eine Grenze gäbe. Nur bei wahrhafter Größe wohnt Bescheidenheit, und nur sie hat ein Recht, sich bescheiden zu nennen, wie wir bei den Äußerungen der Gottesgröße stets die Gottesherablassung finden. Die Erkenntnis, daß alles, was Gott gemacht hat, ewig so sein wird, nichts hinzuzufügen und nichts wegzunehmen sei, ist stets nur den Riesen auf dem Gebiete des Schaffens und Denkens aufgedämmert; nur die Zwerge glaubten und glauben, den himmelragenden Berg erklimmen zu können. Und doch bleiben die Riesen Riesen, die Zwerge Zwerge.

„Ein kleiner Ring begrenzt unser Leben, und viele Geschlechter reihen sich dauernd an ihres Daseins unendliche Kette." Wenn dem so ist, und es ist dem so, dann darf es uns weder befremden, noch beunruhigen, daß wir das Ziel, das Ende noch nicht erreicht haben, weder wir als Glaubensvereinigung, noch auch die Menschheit. Darf uns dies zu Verzweiflung und tödlicher Thatenlosigkeit verdammen? Am heutigen Schlußfeste wollen wir abschließend uns darüber Aufschluß geben: daß wir das Ziel nicht zu erreichen brauchen, noch können und uns doch, in Ehrfurcht vor Gott, der Erfüllung der Aufgabe hingeben und mit dem Erreichten zufrieden geben sollen. Dabei wollen wir uns leiten lassen von den Worten der Heiligen Schrift: הראיתיך בעיניך ושמה לא תעבר. „Ich habe es dich sehen lassen mit deinen Augen, aber dorthin wirst du nicht ziehen". (Deut. 34, 4).

I.

הראיתיך בעיניך.

Es sind die letzten Tage Moses', unseres unvergeßlichen und unsterblichen Meisters, welche uns diese Worte ins Gedächtnis rufen, und an die uns die Weisen an den letzten Tagen dieses Festes erinnern lassen. Tief ergreifend fürwahr sind sowohl die Ereignisse dieser denkwürdigen Zeit, als die Betrachtungen, welche die alten Weisen an sie knüpfen.

Die Heilige Schrift selbst schildert uns in ihrer unnachahmlichen Weise in wenigen Zügen den Vorgang. Moses erhält den Befehl, sich zum Sterben bereit zu halten, hinaufzusteigen auf den Berg Abarim und mit weithinschweifendem Blick hinüberzusehen in das Land, das seine Sehnsucht war. „Sieh das Land und dann sterbe" — ein wahrhaft erschütternder Befehl. Und in der That fügt sich Moses nicht gleich. Flehentlich betet er zum Ewigen und sagt: „Du hast begonnen Deinem Knecht Deine Größe zu zeigen; o, ich möchte so gerne hinüberziehen und sehen das schöne Land, die schönen Berge, den Libanon"! Zürnend unterbricht der Herr das heiße Gebet seines frommen Dieners und spricht: „Sprich mir kein Wort mehr über diese Sache! Ich sagte Dir bereits: Steige hinauf auf den Hügel und blicke mit deinem hellen Auge nach Nord und Süd und Ost und West. — Sehen kannst du alles und sollst du auch, ich zeige dir das ganze Land bis zum äußersten Meere, jedoch nur sehen aus weiter Ferne".

Wir stehen staunend vor diesem Bilde und fragen uns: Wie konnte Moses, dem doch die Unabänderlichkeit der göttlichen Ratschlüsse nur zu bekannt war, es versuchen, sie durch Bitten und Gebet zu ändern? Er, der unerschütterliche, unwankbare Führer. Ist dies nicht ein Zeichen der Schwäche? Ist es Todesangst, die ihn erfüllt, ist es unversiegbare Lebens-Schaffenslust? Was ist's, das ihn mit Gott so erregende Zwiesprach halten läßt, daß der

Langmütige schließlich zürnend ruft: „Kein Wort mehr von dieser Sache. Erhebe dein Auge und sieh', blick hinüber — genug ist es für dich, und dann sollst du sterben".

Bis in die letzten Wurzelfasern der seelischen Beweggründe, welche diesen Begebenheiten zugrunde liegen, drangen unsere Weisen und entdeckten den innersten Kern, die tiefsittliche Lehre, die ihnen unsterblichen Wert verleiht.

Dieser Blick in das heilige Land, so erklären sie, ist mehr, als sonst Sterblichen zuteil wird, ist alles, was ein irdisches Wesen erstreben und erreichen kann. „Sieh' mit **deinem** Auge, Ich lasse Dich sehen mit **deinen** Augen", sagt die Schrift; es ist ja Moses sonniges Auge, das vom Berge in die tiefen Thäler schaut; unendliche Sehkraft ist diesem ungetrübten Auge verliehen, es blickte von einem Weltende bis zum andern. Der Moses-Blick schweifte in ferne Fernen, sah das Unmittelbar-Nahe, das Unendlich-Weite, sah Arboth-Moab, die Königsreihen mit ihrem Steigen, Fallen, Sinken; sah Jerichos glänzende Mauern, das Heiligtum in Pracht und Trümmern, sah Blühen, Wachsen, Machtentfaltung Israel-Judas, sah die Gerechten in Edens Fluren wandeln, Freude, Lust, Trauer, Schmerz und feindliches Drangsal, sah bis zum äußersten Meeresrande, sah bis zum letzten Tage אל תקרא הים אלא היום vom Schöpfungsmomente bis in die ferne Ewigkeit der Auferstehung. Dies alles sah Moses mit seinem menschlichen, sterblichen Auge.

Und dennoch war es ihm nicht genug. Als er Gottes Wort vernahm, als das Urteil im Himmel unterschrieben war, erschien es Moses ein Leichtes, den Schiedspruch ändern zu können. Wie, so sagte er, unzähligemale habe ich Gottes unabänderlichen Entschluß durch mein Gebet gewendet, den Tod, der für mein Volk beschlossen war, gehemmt; nun sollte ich für mich bei Gott nichts, gar nichts vermögen? Es genügt mir nicht, dieses heilige Land, wenn noch so klar, zu sehen. Der Herr vernahm in seinen Höhen dieses Selbstgespräch; schwörend erhob er die Rechte und

rief: „Fürwahr, nimmer wird mein Urteil geändert". Mit
Zittern sah Moses, daß der höchste Richter entschieden
habe. Nun stellte er sich hin, zog um sich einen Kreiswall
aus Erdreich, rufend: Nicht weiche ich aus diesem Kreise,
als bis das verhängnisvolle Urteil zurückgenommen wird.
Da aber sammelten sich die Himmelsscharen, eilten hin, alle
Thore zu verschließen, durch welche das Gebet des Menschen
emporbringt, damit Moses, Gebet, das Wolken durchriß und
Himmel durchschnitt, nicht gewaltig aufwärts dringend Er=
hörung fände. Und vor Gott stellten sie sich hin und
sprachen allesamt im Chore: „Du bist es, in dessen Hand
die Seele aller Lebewesen und der Geist des Fleisches eines
jeden Mannes, auch des Mannes aller Männer, Moses' ist"!

Sehet ihr nicht, wie Moses' Schicksal Zug um Zug
das Urbild alles menschlichen Strebens darstellt und durch
der Weisen Deutung uns klarer und schärfer gezeichnet
erscheint? Das Schicksal aller Menschen und Israels.

Am Ende unseres Strebens, des höchsten geistigen
Strebens, ist eine unüberschreitbare Grenze. Wohl, wir
sehen mit hellem Auge, und Gott will, daß wir mit
eigenen Augen, nicht mit fremden, in das Land sehen,
das unser ferneres Ziel ist. Ja, in gewissem Sinne ist
auch unsrem Auge die Kraft verliehen, das ganze Welten=
rund allumfassend zu überschauen; die Leucht= und Sonnen=
kraft wohnt und schlummert in jedes Menschen Blick und
Geist. Keinem ist es benommen, sich zu versenken in die
Tiefen der Kenntnisse über Gott, Natur und Welt; jedem
von uns ists anheimgestellt, die Lehren der Geschichte mit
ihren Reichen, Königen und Kämpfen — ihrem Bauen,
Zertrümmern, Kriegen und Frieden, Heiligtümern und
Entweihungen, ihrem Wissen und Irren, Strafen und
Lohnen — zu lernen, zu prüfen, zu erfassen. Unsrem Auge
wohnt die Kraft inne, zu schauen bis an die äußerste
Horizontlinie des Meeres, der Menschengeschicke und Welt=
geschichte vom Entstehen bis zum Vergehen. Wir haben
ein gutes Recht und gute Kraft, über unsre Aufgabe als

Volk, Nation und Religion zu sprechen, zu denken, zu schreiben und zu träumen — nicht aber das Recht zur Verneinung, weil wir das Ziel noch nicht erreicht, weil wir den Boden des Landes noch nicht betreten haben, das in der Ferne winkt.

Auch uns aber dünkt es leicht, mit irdischen Mitteln den Gottesbefehl „nur mit den Augen lasse ich Dich schauen" zunichte zu machen. Des Menschen allerdings gewaltige Kraft vermißt sich, göttliches Gesetz zu durchbrechen. Und trotzig ziehen wir einen, ach, nur irdischen Kreis um unser geringes Leben und rufen: „Nicht verlassen wir diesen Ring, als bis Gott seinen Spruch geändert"!

Sind Gottes Urteile nicht ewig? Ewig sein unnahbares Gebot? Und stehen wir nicht ohnmächtig dem Höchsten gegenüber, ohne hinzufügen oder wegnehmen zu können das geringste?

Und wir, Söhne Israels, sollten, obzwar wir mit sonnenklarem Auge vom Anfange bis heute sehen, daß Gott mit uns war und unser Gesetz zur leuchtenden Sonne der Welt gemacht hat, die wir sehen die Heiligtümer, welche unser Werk, die sittliche Weltordnung, die unsre That ist, die gewaltigen Glaubens- und Unglaubensgebäude, die wir beeinflußt, wir sollten an der Zukunft zweifeln?!
Begreiflich ist es, wenn wir zu Gott beten, uns nicht im Anblick dieses goldenen Bildes sterben zu lassen und stürmisch beten und arbeiten, um mehr, um alles erreichen zu können. Begreiflich und vergeblich. Denn Himmelsstimmen rufen uns entgegen: „In Seiner, Gottes Hand, ist die Seele alles Lebenden und der Geist des Fleisches aller Männer". Blicket auf Moses und seid getrost! Es giebt nichts hinzuzufügen, nichts hinwegzunehmen.

II.

שמה לא תעבור.

„Dorthin sollst du nicht ziehen". Dieses also ist der endgültige Bescheid, den Moses erhält; deinen Nachkommen gebe ich das Land, du darfst es nur sehen. Und zehnmal wiederholte der Ewige dieses harte Wort; es gipfelt stets in dem Gedanken: לא תעבור, לא תבוא!

Noch immer steht Moses, zwar tief erschüttert, doch nicht mutlos, aufrecht in seinem Kreise und spricht: „Wenn ich nicht lebend in das heilige Land kommen darf, lasse mich tot hingelangen, wenn nicht als König, so als Unterthan; ich will Schüler Josuahs sein, meines Schülers; wenn nicht meine Seele, so meine Gebeine; — oder lasse mich leben, wie den Vogel in den Lüften, wie das Wild auf der Flur. Ist es denn möglich, daß Du für mich ohne Gnade und Nachsicht bist? O, Herr der Welt, offenbar und bekannt sind vor Dir die Schmerzen, Wehen und Qualen, die Leiden und Kummer, die ich zu erdulden hatte, bis Israel an Deine Göttlichkeit glaubte, o lasse mich doch auch das Gute, das Glück nun sehen nach dem vielen Unheil und Unglück! Willst Du denn Deine eigne Thorah Lügen strafen, in der geschrieben steht: Am selbigen Tage bezahle ihm seinen Lohn, es gehe die Sonne nicht unter darob, denn er ist arm und danach erhebt er seine Seele, auf daß er nicht bei Gott Dich anklage und Du Sünde auf Dich lädst?!" — Vergeblich! — „Genug davon! Du hast genug erreicht", ruft der Ewige! Und niedergeschmettert beugt Moses sich, bereit zum Sterben und von seinen herrlichen Lippen fliegt das inbrünstige Bekenntnis himmelwärts: „O Fels, tadellos ist Sein Werk"!

Die Engelscharen aber standen umher und sahen tiefbewegt und erschüttert zu, vernahmen die Worte Moses; nun, da sie wissen, daß kein Mensch, auch Moses nicht, Vorzug und Schonung vor Gott erfährt, brachen sie in den jubelnden Ruf aus: ברוך כבוד ה' ממקומו!! — — —

Fürwahr, eine erhabene Szene! würdig festgehalten zu werden für ewige Zeiten. Das ganze rastlose Ringen des Menschen, der Titanenkampf der Menschheit mit Unnahbar=Göttlichem ist hier ergreifend dargestellt, erschütternd und läuternd. Zehnmal muß Moses das Verbot wiederholt werden. Tausendmale unternehmen wir es, im Kampfe mit Elementen und Kräften unsere Macht zu erproben. Aber „mit Göttern soll sich nicht messen der Mensch, hebt er sich aufwärts und berührt mit dem Scheitel die Sterne, nirgends haften dann die unsicheren Sohlen". „Steht er mit festen markigen Knochen auf der wohlgegründeten, dauernden Erde, reicht er nicht auf, nur mit der Eiche oder der Rebe sich zu vergleichen". Und dennoch! Er will hinüber in das heißersehnte Land, empor in die Höhen, hinab in die Tiefen! wenn nicht lebend, so tot; wenn nicht als Herr, als Knecht; wenn nicht als Meister, so als Schüler; wenn nicht seine Seele, so sein Gebein. — Giebt es denn keine Nachsicht, rufen wir, gleich Moses. Soll umsonst unser Leben, Schaffen und Wirken, Leiden und Mühen, Denken und Planen sein?

Und wer für die Gesamtheit, gleich Moses, wirkt und arbeitet mit seinem Geiste, schmerzvoll steht er, unerkannt und unbelohnt in seinem Kreise und ringt schmerzbewegt die Hände, vergeblich ausblickend nach dem schönen Lande und dem schönen Berg. — Ist dies der Lohn; muß er nicht dem armen Löhner bezahlt werden, bevor die Sonne sinkt? Muß nicht der Enttäuschte zum Himmel schreien, und laden nicht alle, die ihn enttäuscht, unsühnbare Sünde auf ihr Haupt?

Und wir, Israel! Da steht es in seinem irdischen Kreise und ringt, duldet, kämpft, hofft nun schon tausende Jahre; alles sollte vergeblich sein? Sollten wir alle für das furchtbare Weh und Leid nicht auch endlich die Freude sehen, nicht in das Land des Glückes kommen; soll uns ewig das unerbittliche, grausame Wort: לא תעבר zehnfach entgegentönen!?